中公新書 2852

岡本隆司著

二十四史

——『史記』に始まる中国の正史

中央公論新社刊

はしがき

俗に「中国四千年」「中国五千年」という。いな近年は考古学が発達して、地質学などとも協働するから、マジメに考えても過去をさかのぼっていけば、そのくらいまで達するのかもしれない。

わが日本の隣国は、このように悠久《ゆうきゅう》の文明を誇る。しかも古いだけではない。そのうち二千年くらいなら文字の記録、つまり歴史が途切れることなく備わっている。

そこで百年前も、

中国で最も発達した学問は、史学である。世界で史学が最も発達した国は、中国である。二百年前までは、そうだといってよい。

といわれていた。引いたのは当代一流の知識人・梁啓超《りょうけいちょう》の『中国歴史研究法』（一九二二年）という著述の一節ながら、稀少《きしょう》な卓説というわけでもない。ごく一般的な認識であって、その影響であろうか、われわれ無学の徒も「中国は歴史の国である」とは、普通に口にする言い回しではあろう。

歴史の古い世界は少なくない。けれども系統的な記録が連綿と残って、具体的な史実をたどれる地域は、かえって稀少だ。中国はそんな希有の一例にほかならない。「史学が最も発達した」「歴史の国」というゆえんでもある。

ここまでなら、ひとまず常識の範囲といってよい。そうした歴史記録の根幹をなすのが、「二十四史」である。さすがにこの名辞《めいじ》まで来ると、おそらく見聞は稀《まれ》で、なじみが薄くなってしまうかもしれない。

「二十四史」を「正史」といいかえてみれば、どうだろう。少しは見知った語彙《ごい》ではなかろうか。やや古くて堅苦しい文章ながら、印象的なくだりを思い出した。

野史《やし》は書いたところに偽《いつわり》があるとすれば、正史は書かないところに偽がありうる。

引いたのは、石川淳「偽書」（『夷斎風雅《いさいふうが》』一九八八年）の一節である。民間に流布する「野史」の対が、官製の「正史」というのは正しいし、その正史に「偽がありうる」のも正しい。もっとも「書かないところに」は、歴史家にいわせれば、誤解であり蛇足ではある。正史の「書いたところに」虚偽がないわけはない。

いずれにせよ、これだけで「正史」といっては、およそ不十分である。わが専門の東洋史・中国学では、「正史」＝「二十四史」が定式にほかならない。常識にして基礎知識である。

しかし日本人一般の常識的な語彙・認識では、必ずしもそうではない。石川淳の文章も日本の江戸時代の史書を述べたものだから、われわれの常識からいえば、およそ論外である。字面は日中同じでも、どうやら多分にかけ離れた常識ではあるらしい。

「正史」とは中国では、司馬遷《しばせん》『史記《しき》』からはじまる史書の系列《シリーズ》の総称である。おおむね中国の歴代王朝を単位《ユニット》にして編纂を重ねた書物群で、二千年をカバーする記録にひとしい。それが合計「二十四」ある。しかも「正史」といえば、厳密にはその「二十四史」しか指さない。まずそんな日中の語彙・認識・理解のギャップに注意しておく必要がある。

いくら「正史」におなじみな日本人でも、「二十四史」を知らない向きもあろうし、ましてや「二十四」個々の書名・体裁を思い浮かべるのは難しいかもしれない。まずは全体をみわたすため、一覧にしたてた表を出しておこう。

もっともこれだけでは、やはり詳細な中身までうかがえない。いやしくも外国の歴史・古

志(書／考)[1]	世　家	列　伝	他
文化・制度の部門的・通時的記録	封建諸侯・列国君主の家系・事蹟	個人・集団の評伝・事歴	
8	30	70	
10	—	70	
—	—	61	
— (30)[3]	—	80	
30[4]	—	60	
11	—	40	
20[5]	—	98	
—	—	50	
—	—	30	
—	—	42	
—	—	42	
30[6]	—	50	
20	—	70	30[7]
—	—	70	
—	—	88	
30	—	150	
12	—	77	
3	11[9]	45	3[10]
50	—	150	
32	—	45	1[11]
39	—	73	
162	—	255	
53	—	97	
75	—	220	
70	—	154	
135(142)	—	316	
136	—	315	21[13]

史記』では「考」。2）『魏書』『蜀書』『呉書』からなる。「本紀」は『魏
4）「志」は後付け、502 年以降。5）「志」は後付け。6）「志」は長孫
『梁書』24 巻（10／14）・『唐書』50 巻（24／26）・『晋書』24 巻（11／13）・
9）「世家」は「十国」に応ずる 10 巻に「年譜」1 巻を附す。10）「他」
年）48 冊本は 529 巻。完成時は 536 巻。13）「他」は「補編」、「本紀」

二十四史　各巻内訳

王朝順	書　名	巻　数	本　紀 帝王の年代記・編年史	表 諸侯・顕官の年表・系譜
1	史記	130	12	10
2	漢書	100	12	8
4	三国志	65[2)]	4	—
3	後漢書	90(120)	10	—
6	宋書	100	10	—
7	南斉書	59	8	—
10	魏書	130	12	—
8	梁書	56	6	—
9	陳書	36	6	—
11	北斉書	50	8	—
12	周書	50	8	—
13	隋書	85	5	—
5	晋書	130	10	—
14	南史	80	10	—
15	北史	100	12	—
16	旧唐書	200	20	—
18	旧五代史	150	61[8)]	—
19	五代史記	74	12	—
17	新唐書	225	10	15
21	遼史	116	30	8
22	金史	135	19	4
20	宋史	496	47	32
23	元史	203	47	6
24	明史	332	24	13
	新元史	257	26	7
	清史稿	529(536)[12)]	25	53
	清史	550	25	53

註記：この一覧は著述順による。1）「志」は『史記』では「書」、『五代書』のみ。3）「志」30巻は司馬彪撰『続漢書』、梁・劉昭による収録。無忌など撰「五代史志」、656年完成。7）「他」は「載記」。8）紀伝は『漢書』11巻（5／6）・『周書』22巻（11／11）にそれぞれ分かれる。は「四夷附録」。11）「他」は「国語解」。12）通行する中華書局（1977「列伝」「載記」を含む。

典であるからには、不案内なのはむしろ当然であって、ギャップはやはり小さくないといえる。

だとすれば、日本人も知るはずの「正史」をあらためて理解、考察するためにも、中国の「正史」、「二十四史」をひろく紹介しなくてはなるまい。小著のあるゆえんである。なぜ「正史」なのか、そこにどんな経緯と意味があるのか、なぜ「二十四」なのか。そんな基本的なことから、中国の史学・史書、ひいては歴史そのものをみてみたい。

二千年の歴史の果てに、今の中国がある。「二十四史」が連綿と続くのは、実に現在進行形であることも忘れてはならない。

目次

二十四史――『史記』に始まる中国の正史

二十四史——『史記』に始まる中国の正史

序章　歴史と史学

歴史とは何か

歴史ということばは、指す対象が茫漠として、とても紛らわしい。いつ・どこを対象にしてもそう呼んでよいし、出来事もそれを記す書物も、そのことを考える行為も、すべて指しうる。

「歴史とは何か」といって、日本の知識人が多くまず思い浮かべるのは、E・H・カーの著述の書名だろう。英国の国際政治学者が著した二〇世紀半ばの名著であり、ほどなく出た邦訳もおなじみだった。近年公刊の「新版」の邦訳も、世評はとても高い。

その命題は、一言でいうなら「現在と過去のあいだ」の「対話」である。これだけ取り出すなら、人間が知的生物で、現在でしか生きられない以上は、ごくあたりまえ、要はそれをどこまで意識して、どう意味づけるかということであり、そこで人間それぞれ、社会それぞれ、時代それぞれの個性が出てきておかしくない。

カーの論述はもとより、あくまで現代という時点・西洋近代の学問的な文脈だった。そこはわきまえておく必要がある。現在は点でしかないため、人間は意識的無意識的に過去を考えないわけはない。けれども、その考え方は、いくつもありうる。だから一口に歴史といっても、おそらく意味するところは、必ずしも一様ではない。

また歴史とは隔たる過去の見方もあって、当然である。何も正確な過去の事実復原を期す必要もない。場所の特定・時間の経過をふまえなくともよい。現実にそうした、いわば歴史をもたなかった文明・文化は、古今東西、世界史上に数多存在する。

「史書なき印度の歴史」といわれたインド文明などは、たとえばその典型であろうか。日本人にもなじみのあるところでいえば、輪廻転生《りんねてんしょう》をはじめ、人間世界の常識を超越した時空にみちた仏典・仏説などをすぐ想起できる。史的感覚の欠如をそこにみいだすのはたやすい。

中国の史学

中国はこれに対し、過去・事実の忠実な復原という意味で、歴史意識の発達、歴史記述の伝統で突出した存在だった。われわれが思い浮かべる「歴史」にごく近い観念を、当初から確乎《かっこ》と有しており、それがあらゆる観念に優越した文明なのである。

われわれ現代日本人に近いといっても、もちろん全く同一であるはずはない。そこは注意しておく必要がある。

過去の出来事をどう見て書き残すか。そうまとめてしまうと、ごくわずかな違いにしか聞こえないかもしれない。たしかに原理としてはそうである。けれどもそうした微妙な違いが、最終的に行き着いた文面・作品では、はるかに隔たった議論・叙述になりかねない。それは現在もおそらく同じである。

そこで中華漢語文明における歴史、つまり過去の事実に対する記録・省察というものの来歴と性格をまず把握しなくてはならない。そのさい中国もふくめ、古今東西すべてのそれを「歴史」と称しては、現在にいう一般的な意味の歴史と混同する恐れがあるので、さしあたり便宜上、漢語圏・中国史上の該当する書物を「史書」、学術のことを「史学」と呼んでおきたい。

それならまず、その「史学」の起源と位置づけが問題となるだろう。中国文明ではなぜ、どのように、過去の事実を考えるようになったのか。

史学とは何か

漢語圏の学問は、四部分類が基本である。ありとあらゆる学術・書籍を「経《けい》」「史」「子《し》」「集《しゅう》」の四部、四つのカテゴリーに大別した。西洋の学問体系しか知らないわれわれは、まずこのような初歩の基本から確認してゆく必要がある。

四部に分けるといっても、それぞれ互いに対等だったわけではない。その順序どおりに、あからさまな序列ないし差別があって、つまり第一位が「経」、ついで「史」なのである。史部・史学は上位で、いわばBクラスの下位に「子」「集」が位置した。

筆頭に君臨したのは「経」・経書《けいしょ》あるいは経学《けいがく》である。国教的な地位をしめた儒教の真理・教理を伝える経書テキストの読み方を追究し、ひいては教義・真理のありかを考究する学術・書物を示すカテゴリーだった。

体制教学たる儒教そのものを学ぶ経学が枢要なのは当然、とてもわかりやすい。ひとつの学が最上位に位置し「部」という一カテゴリーをまるまる与えられているのは、それほどに重んぜられ、不可欠だとみなされ、また実際に最も多くの人が、研究に従事したからである。

それに対し、第三にくる「子部」、第四の「集部」は、何か一つのまとまった学ではない。「子部」は儒教以外の諸子百家《しょしひゃっか》のことで、主な学派が九つあったから、中国の漢語で「九流」ともいっていた。

諸子百家といえば、日本人は多種多様に栄えた学問とみて、ポジティヴなイメージをいだきがちである。孫子の兵法など、とても人気が高い。さりながら中国史上、ほとんどの時期は、必ずしもそうではなかった。むしろ正しい教えの顕《あらわ》れない、「人倫」の地に堕ちた、異教邪説がはびこった時代・情況とみてきたのである。

だから「子」「諸子」というのは、あくまでその名残り、ネガティヴな概念であり、かつ雑多な集合名詞だった。「百家」というくらい雑多なのであって、語感としては、その他おおぜいの、副次的な蛇足に近い。

それでも「子部」には、まだ学統がある。「集部」はさらにそのほかの書籍をいうものだから、文字どおりの寄せ「集」めた感がいっそう強いカテゴリーである。個人の文集・全集はもちろん、現在でいう医学や工学など、理数系の理論・技能に関わるもの、あるいは実地の作業マニュアルなど、「子部」に属しうる範囲から逸脱すれば、すべてこの分類に押し込む慣例だった。

だから重要性も、相応する程度にすぎない。下位に置かれた「子部」「集部」は、決してエリート必須の学ではなかった。四部の序列はそのまま、学術思想の尊重・優先における埋めがたい格差をあらわしている。

史学の発祥

これでようやく「史」、史学の位置づけがわかる。「史」は「経」に次ぐ第二位であり、しかも雑多ではない一つの学であった。つまり儒教にこそ及ばないものの、最も重要な教学だとみられていたのである。

儒教・経学の祖が孔子《こうし》なら、史学の祖は司馬遷《しばせん》。かれが『史記《しき》』を著したからである。『史記』は太古の昔から、同時代に至るまでをまとめた通史を叙述した書物だった。

だから史学ができたのは、諸子百家よりはるかに遅い。司馬遷の時代、『史記』という書物が出現して以後のことになる。

つまり前漢の武帝代・西暦でいえば紀元前二世紀から一世紀にかけての時期であり、それより前に、史書・史学の実体は存在しなかったし、それ以降もすぐには、史書・史学という観念・ジャンルは成立していない。

『史記』最終巻の自叙伝にして内容レジュメを兼ねた「太史公自序《たいしこうじじょ》」で、司馬遷は著述の経緯と意図を説明する。そこに引用する「之《これ》を空言に載せんと欲するも、之を行事に見《あらわ》すの深切著明なるには如《し》かざるなり」（19ページの写真を参照）という孔子の発言は、やはり見のがせない。

「空言」とは哲学的な言説、ないし理論的な文辞を意味するのに対し、「行事」とは実際の言動、あるいは具体的な事実を指し、「空言」よりも「行事」にもとづく説明のほうが、物事の核心を衝《つ》いて正邪善悪を明らかにできる、との意味である。孔子のそうした理念・企図を司馬遷も模範として、孔子の後を継ぐべく『史記』を著した。

そのころにはまだ経書・史書の区別も、史学という概念も存在していない。だとすれば、このくだりは単に司馬遷の述作意図のみならず、後につづく史書ないし史学全体の存在意義をも、兼ねていいあらわしうる。

『史記』ひいては後の史書・史学は、たんに過去の出来事を書き残すだけの作業ではない。

もちろん具体的な事実の記録叙述が、その内容をなす。しかしながら記録あるいは叙述を残し、伝える価値を定め、選択をおこなう基準は、あらかじめ決まっていた。それは孔子のイデオロギーであり、そのイデオロギーを支持する司馬遷、あるいは史家の価値判断である。経書が説くべきは、抽象的な理論・教義・イデオロギーである。そうした前提条件に応じて、記すに値する歴史事実・人間行為を選び、記してできあがったのが史書、それを作る営みが、史学にほかならない。抽象的理論的な教義を考究、実践する経学の具象ヴァージョンだということになる。

したがって儒教が優勢になってきた漢の武帝代・紀元前一世紀初頭に、史学が事実上、発足したのは偶然ではない。「史」は「経」に次ぐ重要度第二位にあるのも、そうした理由から納得できるだろう。

そして儒教が連綿と勢力を伸ばし保つのと並行して、史学も発展、定着していったのも、自然ななりゆきだった。『史記』を継承する著述・作品が次々にあらわれ、史学の脊梁《せきりょう》を形づくっている。それを現代のわれわれは「正史」「二十四史」とよびならわしてきた。まず、ここまで述べてきた「史学」と同じく、その現代的な基本概念を押さえておきたい。

紀伝体

「二十四史」ないし「正史」とは、歴代の王朝・政権が「正統」、つまり正式・オフィシャルだと認定した史書のことで、現代までに二十四を数える。数え方によっては、減じて二十二、あるいは加えて二十五という場合もあるものの、紛らわしいので、ここでは異なる数字

表①　二十四史　一覧・王朝順

王朝順	書　名	王朝・著者
1	史記	前漢・司馬遷
2	漢書	後漢・班固
3	後漢書	南朝宋・范曄
4	三国志	西晋・陳寿
5	晋書	唐・房玄齢など
6	宋書	梁・沈約
7	南斉書	梁・蕭子顕
8	梁書	唐・姚思廉
9	陳書	唐・姚思廉
10	魏書	北斉・魏収
11	北斉書	唐・李百薬
12	周書	唐・令狐徳棻など
13	隋書	唐・魏徴など
14	南史	唐・李延寿
15	北史	唐・李延寿
16	旧唐書	後晋・劉昫など
17	新唐書	北宋・欧陽脩・宋祁
18	旧五代史	北宋・薛居正など
19	五代史記	北宋・欧陽脩
20	宋史	元・脱脱など
21	遼史	元・脱脱など
22	金史	元・脱脱など
23	元史	明・宋濂・王禕など
24	明史	清・張廷玉・万斯同など
	新元史	民国・柯劭忞
	清史稿	民国・趙爾巽など
	清史	台湾・国防研究院

に論及する以外は、おおむね「二十四」と表記したい。

さらにいえば、このような現代の「正史＝二十四史」という通念・基本概念も、はじめからそうだったわけではない。「正史」という概念も、「二十四」という数字も、ともに固まって等号で結ぶまでに、紆余曲折があった。そうした経過も以下、もちろん論じるけれども、さしあたって基本的な通念は押さえておかねばなるまい。

その「正史＝二十四史」は、すべてが「紀伝体」で書いている。またそれを「正統」な「正史」の条件ともみなしてきた。紀伝体という歴史叙述のスタイルは、帝王治世の年代記である「本紀《ほんぎ》（または帝紀《ていき》）」と、皇帝以外の著名な個人、ないしは集団の事蹟をしるした記録「列伝《れつでん》」とを二本の柱、不可欠の要素とする。それぞれ略して「紀」「伝」といった。「武帝紀」などが「本紀」、「諸葛亮伝」などが列伝である。

ほかに年表・系譜・一覧《リスト》などの「表《ひょう》」、あるいは文化史ないしは制度史を部門別にしるした「志《し》（または書《しょ》）」などを含む場合もあるものの、必須の条件ではない。本紀と列伝だけの場合もあった。

もちろん史書の叙述スタイルは、紀伝体ばかりではない。ほかにも種々あって、最も素朴なのは「編年体」である。

詳細な年表、ないし日記・日誌と考えればよい。とにかく時間の経過にしたがい、あらゆる事実を全部ふくんで叙述する。古今東西、過去を記録するに最もシンプルな方法で、中国でも初めはそうだった。

しかし編年体では、時に不便を免れない。古今東西、一日のニュースがたった一つではありえず、たくさんの出来事は各地で同時に継起する。年月日ごとの区切りで、その複数・多数を一緒に書きこむ編年体は、その時の全体的な情勢をみわたすには、都合がよいかもしれない。それでもある事件の顚末《てんまつ》・ある人物の言動をまとめて見たいと思ったら、各年各月のおびただしい記事から関係のところをさがし出し、とびとびに見る必要がある。

そのため人物を中心に分けた紀伝体ができ、さらに事件・主題別に分けた「紀事本末体《きじほんまつたい》」というスタイルができた。「本末」とは顚末、「事の最初から最後までを紀《しる》す」という意味である。「紀事本末」というのは、われわれになじみのない漢語ながら、実は現代の歴史書そのまま。われわれには普通でありながら、中国では最も遅くにできたスタイルだったので、本書の論述にあまり関わってこない。主としてとりあげるのは、編年体と紀伝体になる。

正史・二十四史はすべて紀伝体である。しかし紀伝体で書いた史書がすべて正史というわけではない。正史・二十四史以外に紀伝体の史書はいくらでもある。また他方で、紀伝体で書いていない「編年体」で千年以上の史実を綴った『資治通鑑《しじつがん》』などは、いかに著名で優れた史書であろうと、正史にカウントされ二十四史に列せられることはない。

断代史

「正史」ないし「二十四史」には、もう一つの大きな特徴があった。そのほとんどが王朝別にまとまっていることであり、これを「断代史」という。

『資治通鑑』のように、王朝の区分を越えて長い期間をあつかった史書を「通史」といった。現代日本語でも「通史」といい、その用法とほぼ同じと考えてよい。『資治通鑑』のように書名も「通」をつけることが多く、ほかには『通典《つてん》』『通志《つうし》』という著名な書物もある。

それに対して、叙述の期間をある王朝に限定し、ここからここまでとタイムスパンを設定したのが「断代史」だった。いわゆる「二十四史」とは、おおむねその総体であって、時代順にならべると、太古の昔から一七世紀・明朝の末年まで、ほぼ空白なく埋まる。もちろん互いに重複する部分も少なくない。

日本はいわゆる「万世一系」、王朝の交代がないので、中国のような「断代史」は存在しえない。たとえば「鎌倉時代史」や「近世史」など、時代を区切った日本史の書物を「断代史」というのは、譬喩《ひゆ》なら可ではある。しかし決して精確な称謂《しょうい》・概念ではない。

「代」とはあくまで朝代、つまり王朝の意であり、そこはあらかじめ注意しておくべき前提である。ある王朝の「正史」は、王朝の交代のたびごとに次の、ないし以後の王朝の史家が

王朝表

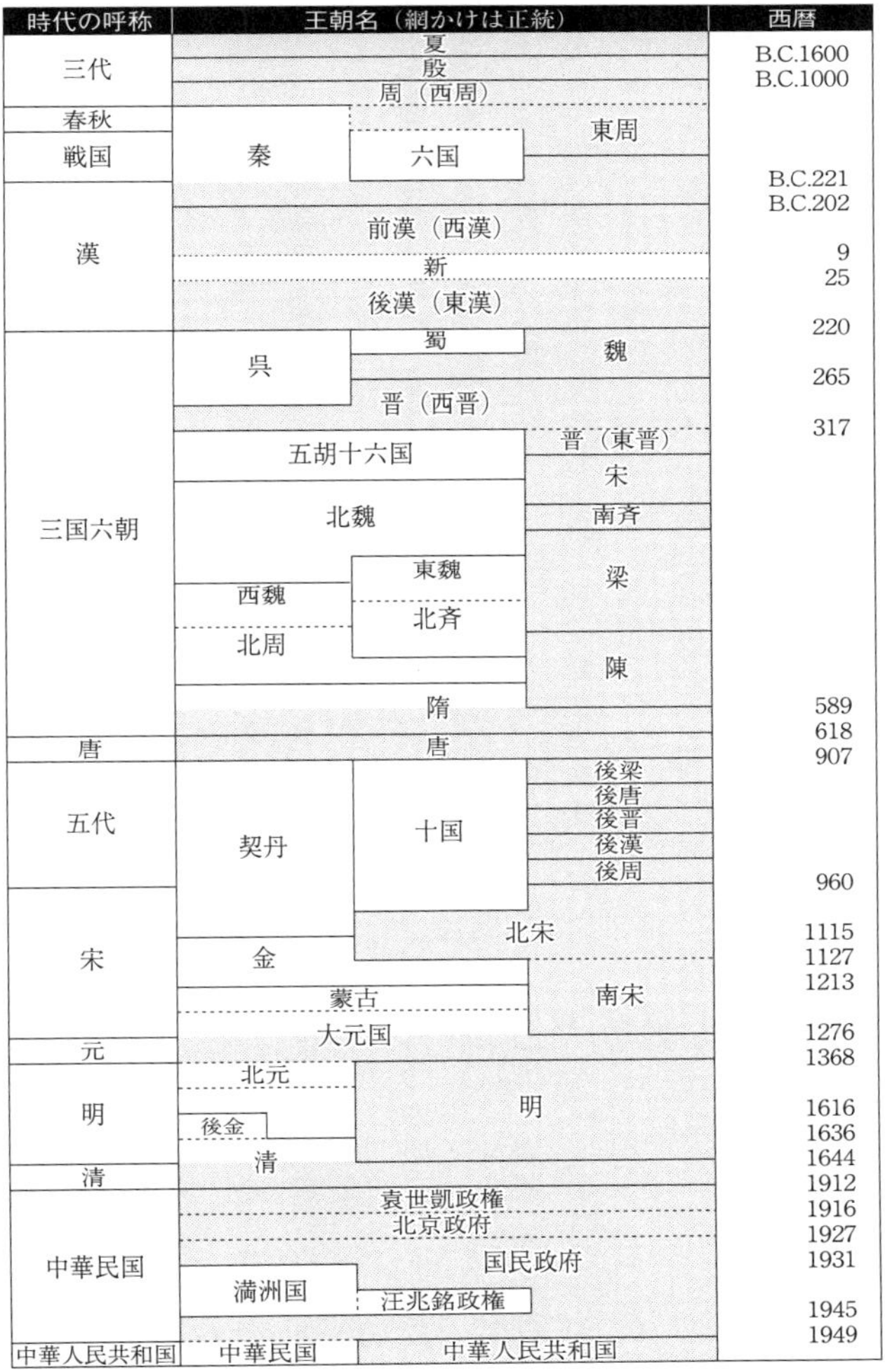
時代の呼称
王朝名（網かけは正統）
西暦
三代
夏
殷
周（西周）
B.C.1600
B.C.1000
春秋
戦国
秦
六国
東周
B.C.221
B.C.202
漢
前漢（西漢）
新
後漢（東漢）
9
25
220
三国六朝
呉
蜀
魏
晋（西晋）
265
317
五胡十六国
晋（東晋）
宋
北魏
南斉
東魏
梁
西魏
北斉
北周
陳
隋
589
618
唐
唐
907
五代
契丹
十国
後梁
後唐
後晋
後漢
後周
960
宋
北宋
金
南宋
蒙古
大元国
1115
1127
1213
1276
元
1368
明
北元
明
後金
清
1616
1636
1644
清
1912
中華民国
袁世凱政権
北京政府
国民政府
満洲国
汪兆銘政権
1916
1927
1931
1945
1949
中華人民共和国
中華民国
中華人民共和国

編纂し、書名も『漢書』『宋史』のように、その王朝名をつけるのが、およそ通例だった。

こうした個別の断代史が、通計「二十四」前後、連綿と編纂《へんさん》が続いて存在している。その所説が中国「史学」の基礎概念を提供し、動かしがたい既成観念にもなってきた。

じつに現代日本のわれわれも、その例に漏れない。意識するとせざるとにかかわらず、王朝を基準に中国史を考える習癖を有しているからである。「漢代」「宋代」などと呼び慣わす時代観念はその典型であって、およそこれなくして、われわれは中国史を思い考えることすらできない。

その意味で「二十四史」をまったく繙《ひもと》いたことがなくとも、あるいは、そのことばさえ知らなくとも、ずっとその影響下にある。あらためてそこに思いを致したい。

以上のように紀伝体・断代史というスタイルは、何より正史・二十四史を表象し、凡百の史書からいわば聖別する二大特徴であった。だとすれば、それがどのように生まれたかをさぐってみなくてはならない。

それがとりもなおさず正史・二十四史の由来・起源を論じることにもなる。いずれも共に分かちがたく生まれてきたからであった。

第1章　前四史

1 『史記』

紀伝体は周知のとおり『史記』が創始した著述法だから、とりもなおさず史書・史学の誕生とともにあったといってよい。しかし『史記』は、大昔から漢の武帝の時代までを記すから、なお通史である。『史記』とその紀伝体をひきついだ『漢書』が、断代史の体裁をつくり出した。

史書・史学の出発は、叙述スタイルでみても、このように通説どおり『史記』『漢書』、いわゆる「史漢《しかん》」からなのであり、その中核の正史・二十四史もやはり正しくこの二作を起源とする。それならここでも、やはり『史記』『漢書』から説き起こさなくてはなるまい。

「独創」たる列伝

まずは『史記』。紀伝体、ひいては史学の営為は、ここに始まる。東洋史学の草分けにして日本の中国史学を創造した内藤湖南《ないとうこなん》は、その『史記』について「すべての点が独創である」と評した。激賞といってよい。その核心に位置するのが紀伝体である。

『史記』は十二本紀・十表・八書・三十世家《せいか》・七十列伝の、合わせて百三十巻、その本紀・表・書・世家・列伝を有機的に組み合わせて全体を構成した。それがすでに空前の構成であって、「独創」にほかならない。

その骨格をなすのは、上述のとおり本紀と列伝である。前者は時系列にそった帝王の年代記・編年史であり、そのスタイルは司馬遷以前にも祖型が少なくなかった。しかし後者の列伝は異なる。全体のなかでも異彩を放つそれは、まさしく司馬遷の「独創」だといってよい。

列伝は個人の伝記・評伝であるから、もっと大きな範囲・題材を対象とする歴史とは、別物とみなすこともできるし、そうみるほうが現代でも普通であろう。だからよく考えてみれば、奇妙なスタイルではありながら、しかしさして違和感を覚えない。

それほどに列伝、ひいては中国の史書・紀伝体、すなわち二十四史が、過去の日本人にはなじみ深かったわけであり、もはや実地にはほとんど読まなくなった現代も、そうした感覚だけはなお共有しているようである。

けれども列伝は、司馬遷以前の時代には、ほとんど先例の存在しないものだった。そんな列伝を立てたこと自体、かれの「独創」なのである。そこはまずわきまえなくてはならず、いくら強調しても

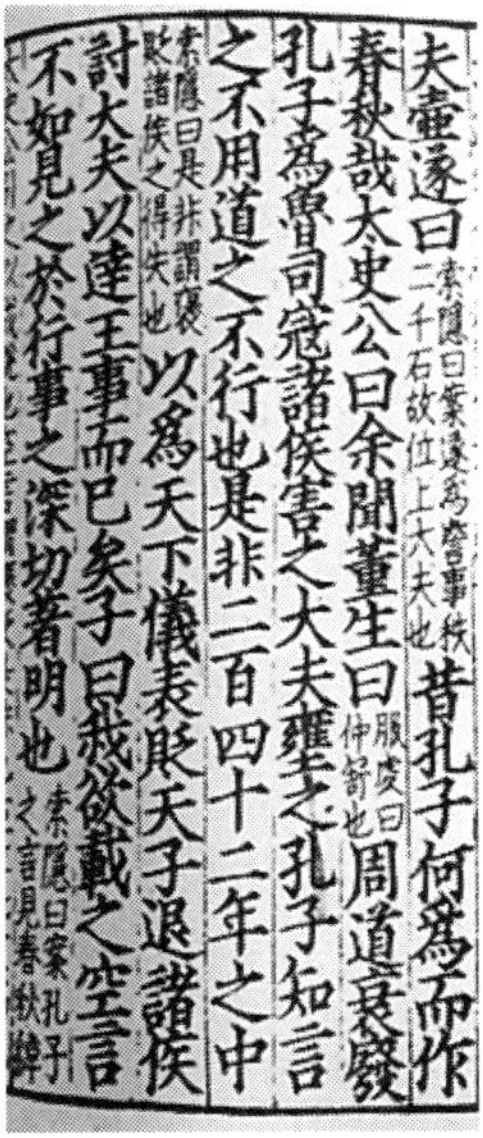
夫壺遂曰索隱曰案遂爲詹事秩二千石故位上大夫也昔孔子何爲而作
春秋哉太史公曰余聞董生曰服虔曰仲舒也周道衰廢
孔子爲魯司寇諸侯害之大夫壅之孔子知言
之不用道之不行也是非二百四十二年之中
索隱曰是非謂褒貶諸侯之得失也以爲天下儀表貶天子退諸侯
討大夫以達王事而已矣子曰我欲載之空言
不如見之於行事之深切著明也索隱曰案孔子之言見春秋緯

『史記』（百衲本）太史公自序（9ページの引用文参照）

しすぎることはない。

その「独創」はしかし何の脈絡もなく、突然変異的に発生したものではなかった。やはりそこには、背景と動機が存在する。「独創」と評した湖南の所説を手がかりに、説明してみたい。

個人と社会

列伝を書いた司馬遷の動機・目的は、「一個人として功名を天下に立てた人々を書く」にあった。主たる叙述の対象とした「春秋戦国以後」の時代、この種の人々が輩出したからである。それ以前は世襲の名族でなくては名をあげることはできず、逆に「単に世族の家に生れた」だけで「仕事をなし得た」社会だった。ところがその時代に入ると、「一個人の才力」のみで「功名を立てる」者が出現する。

「歴史の体裁」なら「一個人のことを詳しく書くことは不必要」ではありながら、司馬遷はそうした時代・社会を描くには、「歴史と伝記とを兼ねた」、「両者の必要」を満たすスタイルが適切だと判断した。むしろ社会の動向を描くために、欠かせない個人・人々の事蹟を述べなくてはならない。

逆にいえば、個人の事蹟を個人として伝えれば、同時に社会のありようとしても伝わるという環境条件が存在していた。個人から社会がみえる、伝記が歴史になる。司馬遷の時代、中国はそうした段階に到達していたのであり、そこに「独創」的な列伝が存在するゆえんがあった。

これを西洋史・歴史学のタームで表現すれば、宮崎市定《みやざきいちさだ》のいう「都市国家」とそれを構成した「自由人」という概念になる。宮崎は高弟として、師の湖南の所説を発展させたといってよい。

いまひとつ条件がある。当時に勢力を増し司馬遷も信奉した儒教は、「君臣」「父子」「長幼」「夫婦」など、人倫道徳の教義を個人の人間関係で説明した。儒教も同じ時代相・社会環境から生まれてきたからであろう。

司馬遷

だから司馬遷が課題とした「行事」の伝達、およびその正邪善悪の判断も、個人の事蹟に即することにならざるをえない。折しも個人の「才力」「功名」が社会構成の根幹になっており、かれ自身もその思潮・慣行を承《う》けて生まれ育った知識人であった。「列伝」というスタイルは社会の情勢に適し、かつ著者本人の述作の企図・目的にもかなっていたのである。

史学と文学

『史記』はこのように紀伝体を通じて、典型であるべき人間を描き、社会の普遍にひろがるべき事物をもりこんだから、文学作品ともなりえた。現在でもそうした処遇は絶えない。国語の漢文授業、中国文学の研究にて、代表的なテキストとして使用できるゆえんである。

司馬遷と『史記』は史学の発祥であるから、学術としての歴史の概念は、なお有していない。用いた資料にも、したがって現代あたりまえの史料批判の手続きなど履《ふ》まなかった。文学的な虚構の要素が多分に混入していることは、以前から指摘がある。文学でもありうるのは、その面でも当然ではあった。

一方で社会経済の生々しい機微にかかわるため、いささか文学にはなりにくい列伝も、厳然と存在する。貨殖《かしょく》列伝と游侠《ゆうきょう》列伝など、たとえば典型であろうか。だから文学的な叙述は少なからずあっても、文学そのものではありえない。やはり『史記』あるいはその列伝は、文学よりはいっそう歴史なのであって、文学的要素の混入も含めて、当時の社会を反映し世態を伝えた作品なのである。

そんな『史記』を著した司馬遷を、「生き恥さらした男」と定義づけたのは、作家にして中国文学者の武田泰淳《たけだたいじゅん》だった。司馬遷が宮刑《きゅうけい》に処せられ、死んだほうがマシな恥辱を背負って生き続け、『史記』を完成させた事情をさす。

死ぬべきなのに生き長らえた司馬遷は、さしづめ矛盾に満ちた存在だった——と、野暮な史家では「矛盾」としかいえないところ、「生き恥」とはさすが作家のセンスではある。武田の『司馬遷』はいうまでもなくベストセラー、日本人にも司馬遷と『史記』はおなじみになり、いよいよ文学として認知されたかもしれない。

ともあれ『史記』は、矛盾の産物である。「生き恥」の矛盾を抱えた司馬遷という存在なくしてはできなかった。それなら『史記』の根幹をなす紀伝体も、矛盾が内在していたということになろうか。そのあたりを立ち入って、みていきたい。

司馬遷の立場と時代の変遷

司馬遷の述作意図は、すでに明らかである。孔子を尊崇する儒者として、その教義を闡明《せんめい》するにあった。そのさい「空言」＝抽象理論をくみたてるよりは、「行事」＝具体的事実を描く方法をとる。

その「行事」を描いて教義を示すのに、かれは紀伝体・列伝を用いた。「一個人として功名を天下に立てた人々」をとりあげ描くことが、既存の社会を映し出す影像と以後の統治にあるべき指針の提示につながる。そう信じたのは、「自由競争」で一人が社会全体のさまざまな地位・身分になりえたからである。

名を残すべき「一個人」が採録基準なのだから、帝王・諸侯から叛徒《はんと》・刺客《しかく》にいたるまで、官僚・学者から富民・俠客《きょうかく》にいたるまで、その類型はさまざまだった。儒教の礼義・倫常を載せるのは当然ながら、墨子《ぼくし》の兼愛・節用にも言及がある。善人もいれば悪人もいた。

これほどに、種々さまざま、とみえるのは、思想・職種・地位など、社会的な役割・進退が判然とし、それに対する価値観も一定に収まった後世からみているからである。当時の様態は混沌雑多、優劣良否・毀誉褒貶《きよほうへん》も流動的、むしろ未分化だった。だからこそ、個人という定点に即してみる紀伝体・列伝が適切だったのである。

しかしその未分化は、不易ではない。司馬遷の生きた時代は、紀元前一世紀に入るころ、漢王朝の権力支配が確立してすでに百年、平和と秩序が続くなか、「才力」の「自由競争」だけで「功名」を得て上昇できる社会は、過去のものになりつつあった。かつて未分化だった社会の構成は、君・臣ないし官・民の地位身分、農・商ないし本・末の職業価値、儒・俠の思想行動が判然と分化し、時に対立の様相を帯びる位置づけが安定してくる。

司馬遷はそんな時代のさなかにあって、過去の記録たる『史記』を書き始め、まだ未分化だった時代の描写につとめた。他方で生身の自身はれっきとした儒者であり、朝廷につかえる太史公《たいしこう》、エスタブリッシュメントの側にいたから、使命として儒教の教義を明らかにする心づもりである。その両者が司馬遷の内部では、なお矛盾していなかった。本人もなお未分化のままだったのである。

ところが司馬遷と同時代、世上は権力・イデオロギーによる社会の整序・統制が顕在化しはじめていた。司馬遷は権力側の立場にある。しかし敗将の李陵《りりょう》を辯護《べんご》することが、通例の正義と信じた。その結果、主君の武帝にたてつき目前の君権に抵触し、宮刑を得て刑余の身になりはてたのは、権力と同化しきれない行動であった。かれが体現したそんな未分化は当時、すでに立場と行動の矛盾に転化していたのである。

司馬遷の「生き恥」は、その顕在化なのであり、執筆途上の『史記』にも、もちろんそうした矛盾が刻印された。完成のために「生き恥」をさらして生きながらえなくてはならなかったのも、本人の性向・作品の性格がいたすところだったのかもしれない。司馬遷の悲劇でもあると同時に、『史記』の特質でもある。

司馬遷本人は未分化の時代だったゆえに刑余の身になって、矛盾を体現せざるをえなかった。そうした境遇から描出したのは、いわば反時代的な表現である。政権イデオロギーを信奉しながらも権力から「自由」で、儒者でありながら儒教的な毀誉褒貶ではわりきれない、善悪あらゆる対象に対する愛惜《あいせき》・共感をもかきたてる文章だった。別の言葉でおきかえれば、吉川幸次郎《よしかわこうじろう》のように「文学性」「文学的」といってよいし、宮崎市定のように「人間性」ということも可能である。

貨殖列伝と平準書

しかしながら、そうした未分化・矛盾・反時代性を「文学」概念に回収し、「文学性」に昇華《しょうか》してしまうと、かえって当時の実相はわかりづらい。むしろ「文学」的ではない列伝をとりあげるのが適切だろう。貨殖列伝・游俠列伝で確認しておきたい。

前者は富豪、後者は俠徒、つまりは金持ちとヤクザの銘々伝であり、経済と社会という人間関係の最もナマな側面を述べたものである。

貨殖列伝の趣旨は、「列伝」七十巻に先んじる「書」八巻のうち、経済をとりあげた「平準書《へいじゅんしょ》」と照らし合わせて把握するほうがよい。平準書は政府の目線から同時代の経済政策、とりわけ物価の「平準」化をはかる施策、ないし統制の顚末を述べた文章である。

司馬遷がそうした経過を末尾で、古来先例のない変化と、ことさら評したのは、官が民と利を争うようになったのを歎《なげ》いた寓意《ぐうい》だった。儒者の立場から拙劣《せつれつ》な政策だと断じるにひとしい。

それを民間・個人の視点から描きなおしたのが、貨殖列伝である。叙述は春秋時代、「臥《が》薪嘗胆《しんしょうたん》」で有名な越王勾践《えつおうこうせん》の謀臣《ぼうしん》にして後に億万長者となった范蠡《はんれい》、つまり陶朱公《とうしゅこう》からはじまり、当代の金貸し・無塩《ぶえん》氏に及ぶまで、歴年の富裕層の紹介を軸としながらも、そればかりにとどまらない。各地の風俗・物産・交通といった経済事情にも説き及んでいる。

つまりは富豪大商を産み出した背景の経済社会を描くことで、「自給自足の理想郷」など実現は不可能、人間の欲望には限りがないけれど、そんな欲望もそれなりに折り合って、経済は自ずと円滑に動いてきた、と主張した。こうした論述が司馬遷の「自由放任」の経済思想を示している、とみなす向きもある。

貨殖列伝は三種の富裕を紹介し、「本富《ほんぷ》」が最上、それに次ぐ「末富《まっぷ》」、「姦富《かんぷ》」は最悪だとした。こうしたくだりから、司馬遷は確かに、農業を「本」として称え、商工業を「末」と賤《いや》しむ儒教的な価値観を奉じていたことがわかる。

その一方で、従前のありようがなぜ実在できてきたかを説くにあたって、やはり個人から社会をみようとする、ほかの列伝と同じ筆法を用いた。つまり商工業の「自由競争」を通じた民間の利益争奪のみならず、政権の経済統制に対しても、批判を暗に織り込んだとみたほうがよい。

「自由放任」説という旧来の解釈は、あまりに近代経済にひきつけたものだろう。しかしながら、そうなってしまう事情もまた、以後の中国史学およびその展開からは、やむをえなかったのかもしれない。

游侠とは

そうした貨殖列伝と表裏一体をなすのが、游侠列伝だった。孟嘗君《もうしょうくん》や信陵君《しんりょうくん》など、いわゆる「戦国の四君」とかれらが抱えた侠客の面々は、とても有名で日本人にもおなじみ、かれらのエピソードは『史記』にも「四君」の事蹟とあわせて、諸処《しょしょ》に言及がある。ただ司馬遷は、秦以前は「布衣《ほい》の俠」「匹夫《ひっぷ》の俠」、つまり民間無位の游俠は、事蹟が伝わらないとして叙述をあきらめた。游俠列伝は漢王朝の時代になって以後、名のあった朱家《しゅか》・田仲《でんちゅう》・王公《おうこう》・劇孟《げきもう》・郭解《かくかい》らの行状を紹介している。

貨殖列伝が述べるように、人びとが「才力」を発揮して競いあったあげく、富を築きあげた勝者もいれば、零落した敗者も出て、貧富の格差が大きくなった。「自由競争」が社会的な不平等をきたしたわけで、そこに不平不満が生じ、不正紛争のはびこる契機がある。『史記』以前・統一王朝に先立つ時代の騒乱の社会的な温床は、そうしたところにもあった。

権力の規制やモラルの是正がゆきとどかなければ、独自に制裁をくわえ治安の維持をはかるしくみが、別に必要となる。そこで民間社会に生まれたのが、西洋史でいえばフリーランスにしてアウトロー的な存在の游俠だった。政権・規範に代わるその役割・機能を司馬遷は認めて、列伝を描いたわけである。そこに貫くモラルが「死節」「正直」、「身を殺して仁《じん》を成す」といわれたのも、そうした意味であった。

一方で同じく「仁」をめざしたのは、司馬遷も信奉した儒教である。任俠も儒教も同源の社会に出自し、社会秩序の確立をめざした点で同じだった。互いに類似の機能を有しながら、「文なる者は儒と為し、武なる者は俠と為す」といい、その手段は異なる。そうした事情は、別の対立する政治思想・イデオロギーからみれば、「儒は文をもって法を乱し、俠は武をもって禁を犯す」という定義にもなった。

こうみたのは、諸子百家の「法家《ほうか》」である。それを信奉した秦の始皇帝が、両者もろともに強力な統制弾圧を加えたのは、当然だったのかもしれない。

いいかえれば儒と俠とは、かつては未分化であった。ところが司馬遷の時代から、一方は体制を支えるイデオロギーに、他方は反社会的な存在になりつつある。権力が成長し、ドグマが固まり、政府が強力になってくると、目的・機能が重なり、手段が異なる游俠は、むしろその統治・施政を妨碍《ぼうがい》する存在と化した。

司馬遷本人が実に、その未分化の一典型である。『史記』は郭解を儒者の公孫弘《こうそんこう》が死罪に処したことを明記し、「於戯《ああ》惜しい哉《かな》」と歎《たん》じて列伝をしめくくった。そう書いたのは、同じ儒者だった司馬遷である。かれ本人は儒教を奉じた主君の武帝から、死罪に劣らぬ宮刑に処せられた。

ともに「正直」で「身を殺し」た俠に通じる言動であって、儒と俠との未分化が、当時には矛盾に転化していた結末である。司馬遷の災禍《さいか》が游俠の運命と重なるのは、やはり偶然ではあるまい。

2 『漢書』

難解な『史記』

『史記』にはじまる紀伝体のこうした社会描写の側面は、久しく見のがされてきた。それにはそれなりの理由があって、それはまた『史記』を後継した「正史」、つまり「二十四史」を形づくる契機にもなっている。

司馬遷は李陵事件に連坐し、宮刑をうけて以後、政府史官の「太史令《たいしれい》」から宮中宦官《かんがん》の「中書令《ちゅうしょれい》」に転じた。だから「太史令」として編纂をはじめた『史記』も、結局はあくまで私撰《しせん》の作品であって、政府公式の著述ではない。そのことはかえって、権力から自由な述作を保証した。

そのため『史記』は体制側に立ちつつも、権力・政府・要路に対する冷厳《れいげん》な評価・忌憚《きたん》なき批判も書き込んでいる。また上にみたとおり、富豪・俠客など反儒教的な題材ではあるにせよ、それを通じて民間の力量を積極的に評価することも忘れていない。かくて著者の司馬遷が矛盾した存在になったのと同じく、作品の『史記』もいわば官民・朝野《ちょうや》どっちつかず、立場の定まらぬ複雑な書物となった。

およそ『史記』を読むような後続の知識人は、朝廷につかえる体制側のエリートである。『史記』はかれらにとって、儒教の経書『春秋《しゅんじゅう》』を引き継いで、過去の「行事」を豊富に載せる書物であり、読みたい引きたい内容に溢れていた。

『春秋』という経典は、孔子が編纂したといわれる魯国《ろこく》の年代記である。紀元前八世紀からはじまるいわゆる「行事」の記述に、孔子の思想・教義をもりこんだと解せられてきた。司馬遷もこの『春秋』の継承発展をめざして、『史記』を編んだのである。しかし矛盾ともみえるその叙述・行論《こうろん》は、なじみのない語彙《ごい》・文体とあわせて、けだし晦渋《かいじゅう》難解をまぬかれなかった。手に取った人々は、多かれ少なかれ読解に苦しんだのではなかろうか。

逆にいえば、大多数の標準的な知識人は、複雑混沌たる『史記』を整理し、もっと単純明快にして、自分たちも理解踏襲できるような書物を求めたのである。その欲求を満たしたのが『漢書』だった。

『漢書』の位置

『史記』は全百三十巻のうち、当初は十巻が未完のまま残っていたし、叙述も武帝時代で終わっていたから、難解ではあっても、敢えてその後を続けて書こうとする人もいた。およそその掉尾《ちょうび》を飾るのが、『史記』完成からおよそ百年たった西暦一世紀前半、中国の王朝でいえば後漢の初めの人・班彪《はんぴょう》である。

班彪は『史記』を書き継ぐ先人の述作を、多くは鄙俗《ひぞく》で司馬遷に続くべき文才がない、と批判し、自ら筆を執って『後伝《こうでん》』数十篇を作った。しかし話はそれで終わらない。

班彪の子・班固《はんこ》がこの『後伝』の続きを書いていたところ、現王朝の記録である「国史を改作した」と時の後漢皇帝・明帝に告発した者がいた。そのため書物は没収、班固も投獄に処せられる。ところがその書をみて関心を抱いた明帝は、作品の完成を班固に命じた。その後二十年を経て、できあがったのが『漢書』にほかならない。

『漢書』は「正史」「二十四史」でいえば、『史記』を継ぐ第二に数える。しかしそれは後世の考え・見方であって、編纂した班固本人が必ずしもそう企《くわだ》てたわけではない。

父の班彪は上述のとおり、『史記』をそのまま書き継ごうとし、子の班固も当初はそれをひきついでいた。だからといって、父子が『史記』を全面的に支持信奉していたとは限らない。

司馬遷は宮刑に処せられたこともあって、権力から距離をとった述作となった。ことさらそうした部分もある。『漢書』は途中から、勅命による著述に変わっているし、班固の個人的な資質性格も、司馬遷ほど奔放不羈《ほんぽうふき》ではなかった。書物の位置づけが異なるとともに、時代の風尚《ふうしょう》・著者の性向もまた違っていたのである。

『史記』を引き継ぐところから始まったので、『漢書』も「本紀」と「列伝」を核心とする紀伝体のスタイルにならった。十二本紀・十志・八表・七十列伝で合わせて百巻、「表」も備わり、平準書などの「書」も「志」と名を改めただけ、『史記』の体裁をほぼ襲っている。封建諸侯・割拠勢力を叙述した「世家」のセクションがないので、その三十を除外するほかは、巻数も『史記』のそれと応じていた。

しかし『漢書』が『史記』と決定的に異なるのは、叙述の主たる対象を前漢一代に限定したことにある。『史記』は黄帝《こうてい》から漢の武帝の時代までにおよぶ通史であり、『漢書』も当初それを書き継いだはずのものだった。

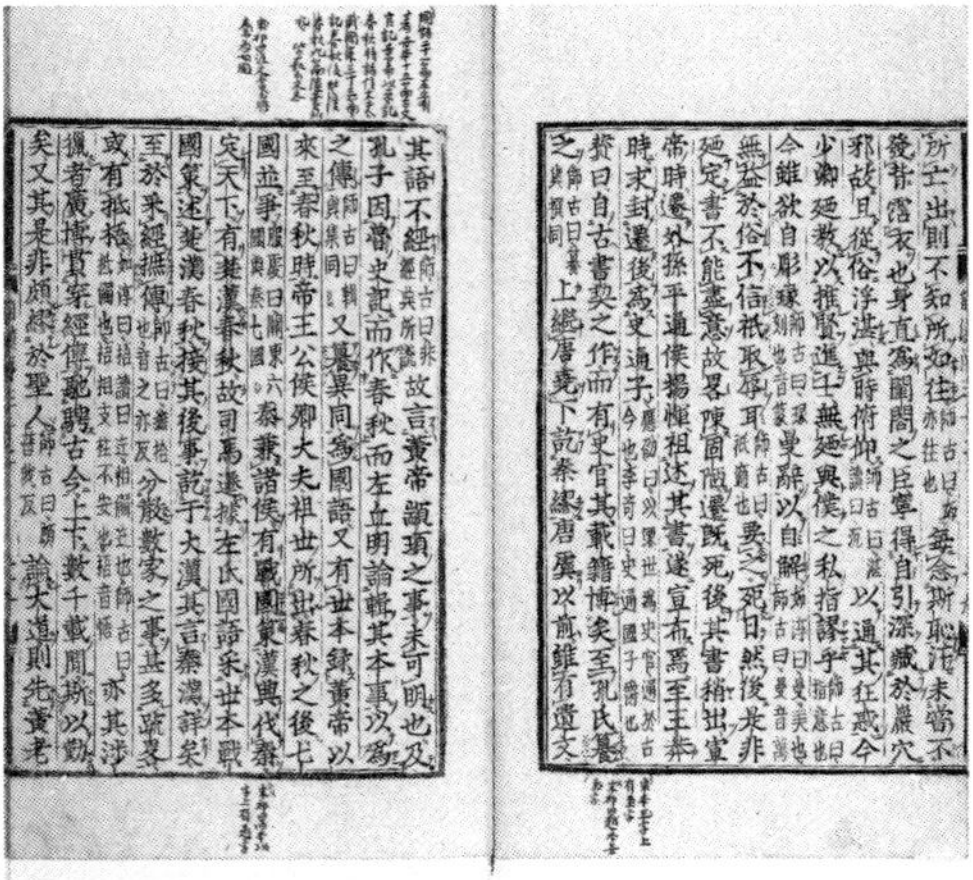
所士出則不知所如往每念斯恥汗未嘗不
發背霑衣也身直為閨閤之臣寧得自引深臧於巖穴
邪故且從俗浮湛與時俯仰以通其狂惑今
少卿廼教以推賢進士無廼與僕之私指謬乎
今雖欲自彫瑑曼辭以自解
無益於俗不信祇取辱耳要之死日然後是非
廼定書不能盡意故略陳固陋遷既死後其書稍出宣
帝時遷外孫平通侯楊惲祖述其書遂宣布焉至王莽
時求封遷後為史通子
贊曰自古書契之作而有史官其載籍博矣至孔氏纂
之上繼唐堯下訖秦繆唐虞以前雖有遺文
其語不經故言黃帝顓頊之事未可明也及
孔子因魯史記而作春秋而左丘明論輯其本事以為
之傳又纂異同為國語又有世本錄黃帝以
來至春秋時帝王公侯卿大夫祖世所出春秋之後七
國並爭秦兼諸侯有戰國策漢興伐秦
定天下有楚漢春秋故司馬遷據左氏國語采世本戰
國策述楚漢春秋接其後事訖于大漢其言秦漢詳矣
至於采經摭傳分散數家之事甚多疏畧
或有抵梧亦其涉
獵者廣博貫穿經傳馳騁古今上下數千載間斯以勤
矣又其是非頗繆於聖人論大道則先黃老

『漢書』　朝鮮古活字本・佛教大学附属図書館所蔵．司馬遷伝（37ページを参照）

にもかかわらず、最終的に『漢書』が前漢一代の叙述になったのは、班固が成書の構想をことさら改めたからである。そこにはそれなりの理由があった。

著述の姿勢

まず『史記』本紀のありようが、班固には憤懣《ふんまん》やる方なかったらしい。漢王朝の偉大な皇帝たちが、並み居る「百王」の驥尾《きび》に附すかのごとき位置づけであるばかりか、秦の始皇帝や項羽《こうう》のような暴君と同列の処遇になっているからである。

長ければ、広ければ、多ければいいというものではない。班固は始皇帝もろとも「百王」を埒外《らちがい》にし、項羽を帝王ではなく一個人の列伝に貶《おとし》めて、本紀に含めなかった。あくまで盛《せい》世《せい》の漢王朝の歴代天子に限定し、現体制に純化したのである。

『漢書』が描く前漢王朝は、もと外戚《がいせき》だった王莽《おうもう》の簒奪《さんだつ》で中絶した。西暦紀元がはじまるころである。もちろん班固は『漢書』列伝で、王莽の事蹟をくわしく述べ、簒奪の顚末、ひいては前漢王朝の衰亡過程をもくわしく描いた。この王莽伝は班固の力作であり、王莽の制度・詔勅もつぶさに引いている。前漢の興亡を描いたことで、断代史の体裁をとるに至った。

もっとも班固の真意が「断代史」それ自体にあったとは思えない。王莽伝のありようは、自身が生きた同時代の後漢王朝が中興するゆえんと、その前提をなす体制を描こうとするねらいであった。あくまで目前の現体制の称賛が目的だろう。それが後世の王朝交代という史実経過とその意義づけに符合して、結果的に断代史が二十四史著述の動かぬ枠組みになっていった。

ついで『史記』列伝の筆法が問題である。班彪・班固父子によれば、『史記』は「聖人にもとる」価値判断から「道家《どうか》を重んじて儒教を軽んじ」、貨殖列伝で「権勢や利益をあがめ貧賤《ひんせん》を恥とし」、游侠列伝では「忠節な処士を賤《いや》しんで姦悪《かんあく》な英雄を貴《とうと》んだ」。

もとより『史記』も富豪・侠客を全面的に肯定、称賛したわけではない。むしろ暗に貶《へん》毀《き》・訓戒《くんかい》の意を寓《ぐう》している。それでも当時の社会で取るべきところがあって、存在理由を認めてはいた。

班固

『漢書』はそれに対し、いっそう極端な態度である。『史記』を書き継いだから、貨殖列伝も游侠列伝も設けはしたものの、それは儒教の教義に照らして、かれらの存在意義を否定するためであった。だから『漢書』を継いだ以後の史書は、貨殖列伝も游侠列伝も立てていない。

こうした姿勢は多かれ少なかれ、『漢書』の全編を貫いていた。貨殖列伝と関係の深い『史記』平準書に相当するのは

『漢書』食貨志《しょっかし》であり、そこでも同じことがいえる。
『漢書』食貨志は、「食（＝農業・土地）」と「貨（＝商業・財政金融）」の上下二篇で編成した文章であり、『史記』平準書の叙述内容は、下篇「貨」のほうが引き継いだ。すでに述べたとおり、司馬遷は平準書で当時の商業隆盛と経済統制を批判している。班固もその意図を正しく承け、またいっそう強調し、当時のありようを批判する意図で「貨」を下篇にまわして、二の次的な位置づけとした。

班固が重視したのは、上篇の「食」である。農民保護を訴える上奏をくりかえし引用し、「抑商重農《よくしょうじゅうのう》」という体制教学たる儒教の価値観を鮮明に打ち出した。先んじた平準書とその後を承けた食貨志とは、単にタイトルが変わっただけではなかったのである。

司馬遷批判

多くの列伝も事情は同じである。個々人の「才力」による業績ではなく、行為の道徳的な褒貶《ほうへん》を語る論調が大勢を占めた。人物の事蹟・履歴を直截《ちょくせつ》に当時の社会の実相・効用として伝えるのではなく、儒教の教義に純化した価値基準ではかり、経典《けいてん》に即した語彙表現でたどる構成である。

たとえば『史記』は俠客たちを「その民間の正義を体現して廉潔謙譲《れんけつけんじょう》、称賛に足る」とみなした。それに対し『漢書』の游侠伝は、「道徳に入らず悪習をほしいまま」、「地位もない匹夫の身で殺生の権を窃《ぬす》んだ」から、自身も一族も亡びて当然だと書いている。

あるいは『漢書』司馬遷伝がむしろ典型だろうか。まず司馬遷の自伝『史記』太史公自序にもとづいて、履歴と『史記』の述作を述べる。ついでその心情を吐露する書翰《しょかん》を引用したのち、「聖人」の「是非」つまり儒教の道徳基準に違ったのは、よろしくなかったとのコメントでしめくくった（33ページの写真を参照）。

このコメントは班彪の文章を典拠としたものである。もともと「道徳に背《そむ》いたから、極刑（＝宮刑）に遭ったのだ」と明記していた。さすがに露骨だと感じたのか、「極刑」云々を別の文脈に移したものの、息子の班固もおよそ同感だったにちがいない。父子のこうした司馬遷に対する酷評は、まさにその立場と時代の変遷、および『史記』と『漢書』の分岐をあらわしていよう。

体制から自由で以前の社会情況に即して儒教・帝王以外の価値・意義も容認、尊重した司馬遷と『史記』の立場は、すでに同時代でさえ許容が難しくなっていた。百年以上を閲《けみ》した班固の時代なら、なおさらである。

「極刑」が自業自得、報いだという発言は、そうした事情を反映するといってよい。漢王朝の御代《みよ》を謳歌《おうか》し、体制教学の儒教に純化したモラルと史観から、『史記』の至らざるところを矯《た》める。それが父子の述作態度であり、その結実が『漢書』だった。

範例・雛型として

『漢書』は『史記』の紀伝体は踏襲した。けれども個人の事蹟で社会を描く趣旨は消滅し、個人の履歴をドグマで評価する方針に転換する。そして通史を王朝の興亡で区切る断代史の体裁に改めた。いずれも『史記』の欠陥を矯正するためである。ただ『史記』を引き継いだだけの著作ではない。

そんな『漢書』は、著者自身がつかえた漢王朝を描く著述である。現代的な意味でいえば、過去をみる歴史書ではなく、同時代の時事・記事にほかならない。『史記』もそこは同じであって、過去の史実をさかのぼって書き込んだのは、司馬遷・班固にとっての現代との関連で必要だったからである。まだ歴史学はおろか、中国の「史学」という概念もカテゴリーもない時代だったから、それは当然ではあろう。

そして『史記』が秦以前を記したから、『漢書』はそこをことさら重ねて、論旨を濁《にご》す必要もない。称えるべき漢王朝を描けば十分である。しかしその前提をなす過去の存在は無視できない。漢の建国までに活躍した人名を年代順に並べた「古今人表《ここんじんひょう》」のあるゆえんである。

『漢書』は確かに「断代史」を創始した。しかし当初から、ことさら王朝で区切る「断代」を意図したわけではない。現代を語る論旨の便宜のため、『史記』の叙述方式を改めた結果として、そうなったというべきだろう。

『漢書』はこうして『史記』を踏襲しつつも、純化洗練を加えてできあがった。以後のエリート知識人にとっては、複雑難解な『史記』よりも、はるかに端正な文章・論理を具有した書物である。

『史記』は支那《シナ》学の碩学《せきがく》・狩野直喜《かのなおき》も評したように、「粗雑」で「古怪《こかい》な句法」が多い。もちろん『漢書』の先蹤《せんしょう》であることはまちがいないにしても、『史記』はむしろ敬遠の処遇を受けた。『漢書』があればそれで十分だったのであろう。『史記』の読者が少なかったのは、後世に注釈の乏しいことに明白である。以後に歓迎を受け、影響を及ぼし、ひいては正史・二十四史の枠組みを決定したのは、嚆矢《こうし》・始祖の『史記』よりも後継・二代目の『漢書』なのであった。

それなら二十四史の成立・形成を考えるには、こうした『漢書』に発現した紀伝体・断代史の範例《はんれい》・雛型《ひながた》を継承する後世の述作が、問題となってこよう。そこに目を向けていかねばならない。

3　『三国志』から『後漢書』へ

つづくものたち

『漢書』の登場によって、ようやく文章も論理も後世の読者が理解模倣できるようになった。『史記』と『漢書』は一つの系列・カテゴリーの範例的な著作とみなされ、後年には「史漢」というフレーズもできたほどである。

明帝から『漢書』述作継続の命を受けた班固は、父帝にして後漢王朝の開祖・光武帝の「本紀」をはじめとする、現王朝政権に関わる著述をも、あわせて委ねられた。朝廷の公式プロジェクトで共同作業であり、以後もその編纂は連綿と続いて後漢の末年まで及び、まとまった作品は後世『東観漢記《とうかんかんき》』という書名で知られる。この書は後述する事情から、二十四史にカウントしないけれども、さしあたり看過はできない。

西暦三世紀以降、『史記』『漢書』の略称「史漢」と並んで、この『東観漢記』も含めた「三史」の言い回しも通用していた。この場合「史」とは、現代でいう歴史の意ではなく、前代の記事くらいの含意《がんい》である。『史記』も『漢書』も『東観漢記』も同時代の時事を叙述したからであり、後人はあくまでそうした著述として「三史」を位置づけ、参照した。

そしてそのかぎりで、紀伝体・断代史の「史」書は書き継がれている。そのなかから、やがて登場し「二十四史」の一つを占めたのが『三国志』だった。

日本人に最も有名だといってもよい中国の書物だろう。もっとも小説の「三国志演義」のほうが、いっそう著名かもしれない。「三国志」という名辞《めいじ》は濫用《らんよう》に失して、それだけでは何を指すのか、わからない場合もある。

ここでとりあげるのは、あくまで正史・二十四史の『三国志』であり、後世にできあがったフィクションの小説、ないしその他ではない。けれども二十四史の展開が、そんな小説とまったく無関係でなかった点にも、注意すべきではある。

陳寿と『三国志』

『三国志』の作者は、陳寿《ちんじゅ》という人物である。いまの四川《しせん》省に生を享《う》けた。二九七年に六十五歳で歿《ぼっ》したと記録にみえるので、二三三年を生年とするのが通説ながら、疑わしいとする意見もある。ともかく出身の四川が、劉備《りゅうび》・諸葛亮の建国した蜀《しょく》の地であって、生涯が西暦の三世紀、後漢が亡んだ後、三国から西晋《せいしん》の時代にあたることはまちがいない。

ごく大まかに履歴をたどっておこう。陳寿は蜀で官途につき、二六三年に蜀が亡んだのちは、三国を統一した西晋王朝にもつかえた。西晋建国まもない二六八年ないし二六九年のことである。それ以来、諸葛亮の著述を整理して『諸葛亮集』を編集するなど、典籍《てんせき》の整理・編集に従事した。『三国志』の著述に着手したのは、二八〇年ころからだという。

蜀は辺境でありながら、前代から司馬相如《しばしょうじょ》・厳君平《げんくんぺい》・揚雄《ようゆう》ら、著名な文人を輩出し、中原《ちゅうげん》中央と拮抗《きっこう》できる文化的な伝統をもつ地だった。陳寿もけだしそうした地元で長じて、持ち前の資質を伸ばしたのであろう。

出処進退で非難を被ったり、政争に巻き込まれたりして「不遇」な生涯といわれてきた。栄達できなかったのは確かである。もっとも顕官《けんかん》になれる文官人士が多いわけではなかったし、陳寿は亡国の出身で、そもそも立身に不利な立場だったことを考え合わせれば、後世にいいつのるほど「不遇」でもあるまい。後半生に手がけた『三国志』を仕上げ、天寿を全うしたとするなら、二十四史の著者でいえば、司馬遷・班固より幸福な一生ではなかったか。前者は『史記』執筆のため恥辱《ちじょく》の宮刑に甘んじたし、後者は『漢書』の完成をみずに獄死したからである。

『三国志』は当初、陳寿の私的な著述だった。ところが完成するや、いちはやく名著の評判が高まる。歿後まもなくだろうか、「得失に明らか」で「有益な」書物として、「司馬相如と比べれば、文章の美麗《びれい》さでは及ばないけれど、質直さに勝る」と好意的な推薦を受け、西晋王朝は「採録」し筆写の勅命を下した。政権公認の著述となって、後世に伝わったのである。

『三国志』の特徴

実際『三国志』の特徴は、この推薦の評どおりだといってよい。紀伝体の全六十五巻、「魏書《ぎしょ》」「蜀書《しょくしょ》」「呉書《ごしょ》」の三部から成る。元来は『魏国志』『蜀国志』『呉国志』という、関連しつつも各々独立した書物だったらしい。一体の「三〔つの〕国志」にまとまって、「魏書」が全体のおよそ半分・三十巻を、「蜀書」は十五巻、「呉書」は二十巻を占める。

そして『史記』『漢書』とは異なって、本紀と列伝しかない。しかも皇帝の事蹟をたどる「本紀」は「魏書」のみに立て、「蜀書」「呉書」は劉備・孫権《そんけん》ら皇帝になった人物も含め、一律に「列伝」を並べただけである。

ごくシンプルな構成というほかない。後世の史家からみれば「質直」どころか簡潔に失する。また記事に偏りも多く、歴史の材料としては、およそ十分ではない。諸葛亮伝の「天下三分の計」はじめ、人の発言を写した部分が多いのに対し、史実の経過・因果がわかる叙述が少ないのである。また『史記』の八書・『漢書』の十志にあたるセクションがないため、当時の制度や事業を述べていないし、本紀・列伝でふれるところも多くない。

しかしそれはやむをえないのであろう。そもそも「史漢」「三史」も、それを継いだ『三国志』もまだ歴史・史書ではなかった。陳寿は三国・晋の人だから、ほぼ同時代の記事である。「勧誡《かんかい》」が多く「得失」がわかりやすくて「有益」とは、同時代の人士・西晋の政権にとってそうなのであって、陳寿は後世の知識人や歴史家のために著述したのではない。

だから『三国志』をめぐって必ずやかましく取り沙汰される「正統」も、おそらくは当時の文脈はちがっている。この場合の「正統」とは、王朝政権の正しい継承のありかたのことで、漢王朝を正しく継承したのは、三国のうちどれか、という問題にほかならない。作者の陳寿は蜀の出身なので、真意は蜀を「正統」とみなすにあった、というのが通説だった。呉を貶めるのは当然、魏に対しては、後継した西晋につかえたので、やむなく本紀を設けたのであり、真意ではなかったという。そうした見方から、かれの述作や行蔵は、諸葛亮に点が辛い、あるいは「不遇」といった評価も出てきた。

しかしそもそも全体を「三国」と枠づけた時点で、誰が正しい天子で、どの王朝が正式な政権かという「正統」の観念は、希薄だったといわざるをえない。当時の中原・西晋の知識人・エリートたちは、かつて辺境にあった呉・蜀の存在など知らなかっただろう。だとすれば、陳寿の書物ではじめて「三国」という概念を得たのであり、陳寿のねらいもそこにあったのではなかろうか。

蜀びいき・お国自慢は確かにまちがいない。その部分が後世に肥大し、蜀を正しい漢王朝の後継者とみなす朱子学の「正統」論や「三国志演義」のフィクションにまで成長してしまった。けれども陳寿の時点で、そこまでの底意を読み取るのは、行き過ぎであろう。魏に本紀を立てたのも、やはり現王朝の西晋につながるからというだけ、蜀と呉との扱いの差違も、ひいき以外は、その魏に降ったことがあるかどうかの別とみればよい。

そんな「三国」の分立を強調するのは、すべてを統一した西晋を寿《ことほ》ぐねらいだったとみるのが至当《しとう》である。同時代人の著述・同時代の記事であれば当然で、『漢書』を書いた班固の立場に近い。その後継者たるにまちがいなく、二十四史の一つに数えるのも、そうした意味で肯《うべな》える。

「裴注」という転機

しかしその西晋王朝は、通説にいう陳寿の歿年・二九七年から、数えて二十年ほどしか存続しなかった。四世紀のはじめ、内乱のすえに匈奴《きょうど》の攻撃を受けて亡んだからである。晋室は南渡して、何とか東南半壁を保った一方で、中原では胡《こ》族の王朝政権が割拠《かっきょ》隆替《りゅうたい》した。いわゆる五胡十六国《ごこじゅうろくこく》の時代である。

「三史」『三国志』を読み継いできた中原の知識人エリート・有力者たちも、晋室とともに江南に移って、新しい土地で新たな生活を営まざるをえない。不安定な政情のなか、新天地の開発に余念のないかたわら、新文化の創造も模索している。

西晋の滅亡からおよそ百年、現在の南京《ナンキン》にあたる建康《けんこう》の都で、晋室の禅譲《ぜんじょう》を受けて、宋《そう》王朝が発足した。時に西暦四二〇年、南朝のはじまりである。それからまもない第三代皇帝・文帝の治世は、それまでの開発・蓄積が開花したのか、泰平にして文運さかんな時代になった。元号にちなんで「元嘉《げんか》の治」と称する。

そんな文運隆盛は、どうやら「史書」にも発現した。「史」あるいは正史の概念としても、一大転機にあたるとみてよい。注目すべきは、上述の『三国志』の続きである。

現在通行する『三国志』には、陳寿の書いた本文と合わせて、必ず厖大《ぼうだい》な注釈がついており、俗に「裴注《はいちゅう》」と呼びならわす。これは南朝宋の文帝の命を受けて、裴松之《はいしょうし》という人物が作成したもので、完成したのは元嘉六年・西暦四二九年、裴松之五十八歳のときだった。

『三国志注』つまり「裴注」をしあげて上呈した裴松之の上奏が残っている。『三国志』は「近世の嘉史《かし》」ながら、簡略に失するため、博捜《はくそう》につとめた。本文の記述の遺漏《いろう》を補い、一事について記録が複数あれば、あまさず列挙し異聞をそなえて、なおかつ誤りをただし、論評を加える方針である。その言どおり作業は徹底していた。蒐集《しゅうしゅう》した関連資料は膨大で、書物は計二百十部にのぼる。

ごくシンプルな記録にすぎなかった陳寿『三国志』は、「裴注」が加わって格段に詳密な書物に変貌した。異聞をすべてとりこんだところから、錯誤・虚説も混入し、そこからフィクションを組み立てることもできる。民間の物語にとりこまれ、後世の『三国志演義』に発展していった「裴注」の記述は、無数といってよい。

もっとも作者の裴松之も、作成を命じた文帝も、同時代の読者も、虚構・フィクションを読みたいわけではなかった。「近世の嘉史」という。『三国志』が百年前という、さして遠くない過去に関する、見事なできばえの記録なのは確かだった。それでも不十分で、けっきょくは簡略に失して細部の真相がわかりづらい。ここにあらためて注釈を作らねばならない動機が存する。

「裴注」の引用はたくさんの記述を並べながらも、単なる羅列ではない。真偽を辨別《べんべつ》したうえで、一事の詳細が見わたせるように排列し、読者に再考を促している。過去の史実に対する究明に関心が強くなった所産であった。同時代的関心の勝っていた陳寿の『三国志』は、「裴注」を得て歴史・史書にいっそう近づいたともいえよう。

范曄と『後漢書』

「近世」＝三国時代の史実に対する関心が増したのなら、さらに以前もそうであって不思議ではない。『三国志』をさらにさかのぼれば、後漢の時代である。そこに関する著述も、すでに存していた。

上述でふれたのは、「三史」の一つ『東観漢記』である。ところが五世紀にもなると、ほかにも後漢時代を書いたものが増えていた。そのような「衆家《たくさん》の後漢書を刪《まとめ》て一家《じぶん》の作とす」のを志《こころざ》したのが、裴松之よりおよそ四半世紀のちに生まれた范曄《はんよう》という人物である。その作品こそ、二十四史に列せられる『後漢書《ごかんじょ》』であった。

范曄は名門の出身ながら、顕官にはなっていない。傑出した文才に恵まれていた半面、軽《けい》躁《そう》にして慎重を欠く性格だったからで、政争に巻き込まれ、謀反大逆の罪に問われて、最期は刑死にいたる。歿年は四四六年、裴松之より早い。年齢差こそあれ、同時代人ではあった。

そんな不本意な生涯だった范曄の名を不朽にしたのが、『後漢書』の編纂である。「衆家の後漢書」という既存の書物をベースにするのは、やはり裴松之の『三国志注』と同じではありながら、このたびは注釈ではなく、新たに本文を書き直したところ、次元が異なっている。

范曄が『後漢書』の執筆にさいし、最も基本的な材料としたのは、やはり『東観漢記』だった。後漢時代の記録としては、すでに代表的な著作だったからである。それでも後世の評判は、必ずしも芳しくない。同時代の多人数による官撰《かんせん》書だったためか、制約も免れなかったし、なおかつ記述と体例に一貫性を欠いてもいた。范曄は同じ思いを抱いて、『東観漢記』を書き改めつつ、「一家《じぶん》の」『後漢書』の編纂を手がけたにちがいない。

そのさいの範例は、やはり『史記』『漢書』であった。『春秋』のような編年体では、遺漏が多く十分ではない。「一代を網羅し」、ことがらの経過と意義を周到に示すには、「史漢」の紀伝体こそ適切だ。このような范曄の発言から、紀伝体＝正史という後世の二十四史に連なるレールができあがりつつあったことがわかる。

かくてできあがった『後漢書』は本紀十巻・列伝八十巻。現在通行する『後漢書』は、この九十巻に加えて、先行する著述の司馬彪《しばひょう》『続漢書《しょくかんじょ》』の「志」三十巻を附し、計百二十巻とする。

范曄本人にも『漢書』の十志に倣《なら》った「志」執筆の心づもりがあったし、実際に書いてもいたらしい。しかしつとに失われて見ることができなかったため、後人が『続漢書』から補って一体とするようになった。けれども元来、両者は別の著述であるから、われわれも引用するにあたっては、范曄の『後漢書』と『続漢書』の「志」を区別して記すのが作法である。

内容と特色

范曄の前には『東観漢記』はじめ、すでに後漢時代を描いた多くの著述があった。しかも後漢王朝そのものは、はるか二百年以上も前に滅亡している。范曄にとって、新たな史実の素材となるべきものは、ほとんどなかったといってよい。既存既成の材料をいかに調理して、最善の味を引き出すか、が課題であった。

かれはそこで、持ち前の文才を大いに発揮したようである。唐の劉知幾《りゅうちき》や清の王鳴盛《おうめいせい》ら、後世の評論家の称賛は少なくない。司馬遷以外にはおよそ点の辛いわが内藤湖南も、「歴史家としては立派な人」と書いていて、その例外ではなかった。

『後漢書』で顕著なのは、ユニークな列伝の立て方である。これは後漢という時代に即したものながら、そのように配しえたのは、やはり范曄の見識にほかならない。

列伝にあげた人物は、およそ五百名にのぼる。皇帝や政治家・知識人など、個々の著名人は定石どおり、ことさらふれるまでもない。みるべきはやはり、いわゆる「雑伝《ざつでん》」であろう。『史記』でいえば貨殖列伝や游俠列伝など、一定のカテゴリーで括《くく》ることのできる人々の叙述にほかならない。そのカテゴライズが時代のありようを反映するからである。

『後漢書』は列伝の末尾に、循吏《じゅんり》伝・酷吏《こくり》伝・宦者《かんじゃ》伝・儒林《じゅりん》伝・文苑《ぶんえん》伝・独行《どっこう》伝・方術《ほうじゅつ》伝・逸民《いつみん》伝・列女《れつじょ》伝を配した。そのうち『史記』『漢書』にもあるのは、循吏伝・酷吏伝・儒林伝の三つだけ、ほかは『後漢書』が独自に設けたものである。

後漢の政治史は歴代幼少の皇帝を挟んで、外戚と宦官が権勢を争った過程だった。それなら宦官をもっぱら扱うカテゴリーがなくては、政治史の大きな部分が欠落してしまう。そして政権を握った宦官と対立し、反抗のすえ弾圧をうけた士人たちにも党錮《とうこ》伝を置いて、その事蹟《じせき》を詳述した。

歴史意識

范曄がこうした列伝を編むにあたり、強く意識していたのは、やはり先達の班固『漢書』である。名声の高い『漢書』に対する不満・対抗が、その述作の動機の一つとなっていた。たとえば『漢書』に記す班固のコメントを「道理として得るところはほとんどない」と断じ、自身の議論は、論となく文となく、一字もゆるがせにしない文章にしあげたと自負している。そして班固『漢書』に対する批判は、班固じしんが批判した司馬遷の処遇にも及んだ。

班固は後漢の人なので、范曄はもちろん自著の『後漢書』列伝で、その生涯を跡づけている。しかるのち附したコメントがおもしろい。

「聖人の是非に違ったのはよろしくなかった」と班固は司馬遷を批判したけれど、『史記』游侠列伝にいう「死節」「正直」、「身を殺して仁を成す」のを否定しては、「聖人」も重視したはずの「仁義を軽んじ、守節を賤《いや》しむ」に等しいではないか。

范曄はこのように、上でみた『漢書』司馬遷伝のコメントの見解に、まっこうから反駁《はんばく》して、司馬遷の立場・見解に共感を示した。これは別の箇所でもわかる。

さすがに游侠は、後漢時代にはもう存在していない。それでも常識の埒外に出て、なおかつ「仁義」「守節」の観点から逸することのできない人士の言動は少なくなかった。そうしたたぐいを集めた文章として、范曄が立てたのが独行伝である。おそらく品行の収まらなかった自身の抱負・性向・進退の投影を試みる、あるいは淵源《えんげん》をさぐるねらいもあった。文苑伝・方術伝も同じ文脈にあるかもしれない。范曄が生きたのは、文学が花開いた時代であり、また宗教の流布した時代でもあった。その起源を後漢時代にさかのぼって探る意図が、この両列伝にあってもおかしくない。

このようにみてくると、「裴注」や『後漢書』からうかがえるのは、かれらに先行する時代が、いかなるものだったのか、自分たちの淵源はどこにあるのかを明らかにしたい欲求である。現代を位置づけるのに、過去にたちかえって史実を考えるのが歴史意識だとすれば、おそらく中国のそれは、このときに著述・学術として、明確な形をとったといってよい。

裴松之・范曄が生きた五世紀前半の南朝、あるいはひろく六朝《りくちょう》は、貴族制の時代といわれる。二人とも名門の出身であった。そんな門閥とは祖先が高い地位を築き、何代にもわたり維持して、ようやくできあがった存在にほかならない。自らの存在が歴史の堆積《たいせき》で成り立っていたところから、かれらの意識・思考が歴史的になったのも当然である。

陳寿の『三国志』までは、何より目前の現代に関心があった。過去の事実は現代を説くために援用したにすぎない。史書といっても、いまだ儒教・経学に従属する現代の記事でしかなかった。しかしこの時期になると、現代を位置づけるために過去を解明しようとする歴史意識が生じ、その観点から新たな著述もできたし、既存の「史漢」『三国志』を読み解こうとする動向もさかんになった。「裴注」の成立と『後漢書』の編纂こそ、その典型だろう。

そのほか、たくさんの注釈ができたのも、そのあらわれとみてよい。たとえば裴松之の子の裴駰《はいいん》は、乏しかった『史記』の注釈にとりくんで、「史記集解《しきしっかい》」を完成させた。

史学はこうして、経学の羈絆《きはん》から脱して確乎たる学術の一ジャンルの地位を獲得する動きを強める。やがて四部分類の「史部」が独立確立していったのである。

第2章

唐の変容

1　南北朝

つづく断代史

前章にて二十四史のうち『史記』『漢書』『三国志』『後漢書』、はじめの四著をみてきた。これを「前四史《ぜんしし》」といい、いわゆる「私撰」、個人的な著述なのが、その特徴である。父子二代にわたる司馬遷や班固のような場合でも、それぞれに一定の動機・意欲をもった著作で、そのため個性・独創に富み、最もおもしろく、また最もよく読まれた作品だった。前章の表題とし、まとめてとりあげたゆえんでもある。

「前四史」の説き及ぶ期間は、太古の昔から三世紀の末・三国時代のおわりまで。中国史のうち最もおもしろい時代である。われわれ日本人も、けだしそう見なしてきた。ひとえに「前四史」自体がおもしろく、昔からよく読まれたからである。とりあげる日本語の文藝作品も、この時代が圧倒的に多いし、訳注書の刊行も「前四史」ばかり、といっても過言ではない。

そんな「前四史」を嚆矢とする二十四史は、王朝が興亡した時代順に列挙するのが通例である。本書でもすでに表①であげたとおり。後世に歴史を編述する史料とみるなら、その順序が最も便宜ではある。

しかし前章でもみたように、第三に位置するはずの『後漢書』は、後の時代を描く『三国志』よりも、はるか後年にできた著述だった。書物として、またその趣旨・性格を考える場

表②　二十四史（二十五史）一覧・著述順

著述順	王朝順	書　名	完　成
1	1	史記	BC90ごろまで
2	2	漢書	82ごろまで
3	4	三国志	297まで
4	3	後漢書（紀伝）	445まで
5	6	宋書（紀伝）	488
6	7	南斉書	537まで
7	10	魏書（紀伝）	554
8	8	梁書	636
9	9	陳書	636
10	11	北斉書	636
11	12	周書	636
12	13	隋書（紀伝）	636
13	5	晋書	648
14	14	南史	659
15	15	北史	659
16	16	旧唐書	945
17	18	旧五代史	974
18	19	五代史記	1053
19	17	新唐書	1060
20	21	遼史	1344
21	22	金史	1344
22	20	宋史	1345
23	23	元史	1370
24	24	明史	1739
25		新元史	1920
		清史稿	1928
		清史	1961

合、タイトルの王朝順・内容の時系列だけでは、都合の悪いこともある。

たとえば范曄の『後漢書』述作が有した歴史的な意義は、陳寿の『三国志』、および「裴注」の後に出てきたことを見のがしてはわかりづらい。その時期に紀伝体・断代史、ひいては史学の規範と意識がようやく形成表現され、おそらく以後も継続し、伝統となっていったからである。

そして、その意義を受けつぐ正史『宋書《そうじょ》』が、まもなくあらわれた。南朝宋の元嘉時代と同じ精神的文化的な条件にある場所・時期だったからであろう。

そこで、表①を著述の年次で排列しなおした。表②であり、ここから二十四史のそれぞれは、まとまって出た一定の時期がいくつかあることがわかる。以下それぞれをとりあげる叙述も、およそこの順序でみていきたい。

『宋書』以後

泰平で文運さかんな元嘉の御代は、長くつづかなかった。文帝が三十年におよぶ長い在位のすえ弑殺《しいさつ》され、そののち政情は、半世紀にわたって不穏に陥ってしまう。宋王朝は権勢を握った蕭《しょう》氏に取って代わられ、南斉《なんせい》に交代した。

ところがこの南斉政権も安定せず、やがて内乱が勃発、騒擾《そうじょう》のあげく新たな王朝・梁《りょう》が興る。六世紀も開幕するころであった。

梁を建国した武帝・蕭衍《しょうえん》は傑出した武将・政治家である。以後、半世紀に垂《なん》んとする安定した治世を築き上げた。また当代一流の文化人でもあった梁武帝の御代は、仏教の隆盛をはじめ、元嘉をしのぐ南朝最高水準の文化を達成、現出している。

この武帝のもと友人にして、その統治を補佐した臣下の一人に、沈約《しんやく》という文人がいた。詩人としても著名で、当代文壇の第一人者とも目される。かれの編んだ『宋書』は、南朝宋一代を描く断代史で、紀・伝あわせて七十巻、やはり范曄の『後漢書』と同じく『漢書』をモデルと意識する著述だった。

沈約は江南の勢力家の出身、西暦四四一年の生まれだから、幼年を元嘉時代のただ中に育ったことになる。しかし文帝が歿して政情が一変、十代の前半、父を処刑で失ったのちは、宋王朝の衰亡とともに成長し、官歴を重ねた。

宋が亡んで南斉王朝になったのが、かれの三十代のおわり、かれが『宋書』の紀伝を書き上げたのは、そのおよそ十年後の四八八年である。安定を欠き短命だった南斉王朝でも、十年の小康《しょうこう》を実現した第二代・武帝の時代、編纂の勅命を受けてから、ほぼ一年という短期間であった。

すでに蓄積のある内容の素材を整理し、コメントを加える作業だけだったとはいえ、これほど速やかなのは、やはり才識のなせるわざなのだろう。また動機・意欲もなくてはならない。けだし自身あるいは自家の履歴と宋王朝の興亡とを重ね合わせてのことで、やはり『後漢書』を編んだ范曄と近似する動機・述作だったと思われる。

この沈約の『宋書』以後、南朝の王朝交代が継起した。そこから、新王朝で前王朝の断代史を編纂するという慣例ができあがってくる。

宋を継いだ南斉に対する『南斉書』は、次の梁の時代、その梁の『梁書』は後をうけた陳《ちん》の時代に、『陳書』は陳を征服した隋《ずい》王朝で編纂がはじまった。いずれも『史記』以来の紀伝体、もう少しいえば『後漢書』と同じく紀・伝のみである。

こうした後続の史書はあらためて言及しなくてはならない。ともあれ六世紀に入り、全体として、いよいよ後年の正史・二十四史らしくなってきたのは確かである。

北朝

五世紀はじめ、江南で宋王朝が東晋の禅譲をうけ、南朝がはじまったころ、北方・中原でも大きな政治的な変動が起こっていた。遊牧民の鮮卑《せんぴ》・拓跋《たくばつ》部が建てた北魏《ほくぎ》が勃興し、百年にわたる割拠状態にようやく終止符を打ち、中原を統一する。時に西暦四四〇年ごろ、北朝の成立であった。

北魏は以後も勢力を拡大し、徐々に南下、南朝と対峙し、やがて軍事的に優越する。それまで中原は、遊牧民出身の割拠勢力が濫立《らんりつ》競合するあまり、十全たる王朝政権を標榜できなかった。君主は皇帝と自称せず、一等劣る「天王《てんのう》」と名乗ったことも多い。

しかし北魏は異なる。鮮卑の出身ながら天子・皇帝と自称して中原全域に君臨し、東晋の正統を承けたと標榜する南朝に真っ向から対立する存在になった。いわゆる南北朝、二百年におよんだ南北並立の時代である。

中原・中華王朝の禅譲を受けて君臨した南朝とは異なって、北魏は遊牧世界から中原に乗りこんできた外来政権、在地の住民社会とは異質な存在だった。そんな北朝が中原を統治し南朝と対抗するには、大別して二つの方向がある。

ひとつは漢人の中華王朝と同質な政権に変貌して、やがては南朝に取って代わる方針、いまひとつは異質を保ったまま、南朝を圧倒していこうとする志向である。こうしたいわば漢化と国粋とのあいだで、北魏の指導層はたえず揺れ動いた。両者は容易に融和できず、政権の内部でせめぎあい、しばしば政争にまで発展する。

歴史・史書にかぎってみても、初期にはいわゆる「国史《こくし》」事件が起こった。中原を統一した北魏の英主・第三代皇帝の太武《たいぶ》帝につかえた中原の名門出身の崔浩《さいこう》が、現王朝の履歴を記録編纂する任にあたって禁忌《きんき》にふれ、族誅《ぞくちゅう》の処断をうけた事件である。時に西暦四五〇年。

崔浩は南朝の貴族制を模範としていたといわれ、述べたような漢化・国粋のバランスを失した記事を載せた咎《とが》である。

そうした事情もあって、北魏には必然的に文献記録が乏しくなった。その内情を穿《うが》った詳細な史実は、今もってわかりづらい。

『魏書』の悪評

それでも、南朝と同じく北朝の史書が成立をみた。六世紀半ば、書名を『魏書』という。これも北魏以来の漢化・国粋のせめぎあいが無縁ではない。両者の矛盾は内乱を誘発して北魏王朝を滅亡に追い込んだ。やがて北斉《ほくせい》と北周《ほくしゅう》の両王朝が、中原を東西に分かって対峙する。漢化と国粋との分岐を象徴するかのような形勢であった。

そのうちの東半・北斉政権は、人口が多く文化も進んだ中原の中央部を占め、名門出身の漢人官僚も多く抱えていたためか、いわば漢化の方針を継承する立場である。そしてそれは先代の北魏からひきついだ路線である、と正当化、「正統」化する必要があった。さもなくば自らの存在理由が成り立たない。

建国早々の『魏書』の編纂も、そうした文脈ですすんだといってよい。北斉初代皇帝・文《ぶん》宣帝高洋《せんていこうよう》の在位二年め、つまり王朝成立の翌年・五五一年に編纂作業が始まり、五五四年に本紀十二・列伝九十八、合計百十巻が完成した。ついでその年末ないし翌年初に、十志二十巻もできあがっている。

このように紀伝と志は、編纂の時節も関係者も別個であった。しかしいずれにも参画し全体の体例を示し、要所に自らの手になる文章を配して、編集作業の中心をになったのは、魏《ぎ》収《しゅう》という人物である。『魏書』はそのため通例、魏収の著述と見なされてきたし、確かにそれでまちがいない。

『魏書』は「穢史《わいし》」と称される評判の悪い書物で、当初から記述の「不平」「不実」を訴える向きが多く、ようやく公開をみたのは、四度の改稿をへた五六〇年ごろ、それでも「不実」とする声はやまなかった。魏収はそれだけに嘖々《さくさく》たる悪評を浴びた。後世からみても「曲筆《きょくひつ》」が多いというから、悪評は無根ではないのだろう。

しかし上にみたような政治史があり、しかも前王朝と遠く隔たらない時機、生存する利害関係者が多く、歴史的評価もにわかに定めがたいとなれば、すべてを実情どおり公正に書けないのは、むしろ当然である。「不平」「不実」に傾くのもやむをえない。

そもそも記述の「不平」「不実」というなら、『史記』にはじまる二十四史は、多かれ少なかれ全てにあてはまるだろう。それでも『魏書』をとりたてて「穢史」とするのは、それほど「曲筆」「不平」「不実」が多かった、つまり前後の政情が各々の利害に関わって苛酷だった反映だとみるべきではなかろうか。

『魏書』と南朝

だとすれば、やはり南朝のプレゼンスに起因するところ少なくあるまい。中原の統一王朝・西晋以来の流れを汲《く》む南朝の存在は、治下の名門の漢人有力者に去就を悩ませた。かれらは社会に隠然たる勢力を有したから、君臨した数多の遊牧政権は、つねにその向背《こうはい》を懸念せざるをえない。それはもちろん漢人ばかりか、非漢人の要路者・関係者にも及ぶ。

北朝はそれだけに、南朝およびその前身たる東晋の至高性・「正統」を認めるわけにはいかなかった。史書の枠組み・叙述にも、それが如実にあらわれる。

『魏書』は巻九六から九八の列伝に東晋・南朝の歴史を述べて、「僭晋司馬叡《(ママ)》」(東晋の元帝)・「島夷《とうい》劉裕《りゅうゆう》」(宋の武帝)・「島夷蕭道成《しょうどうせい》」(南斉の高帝)・「島夷蕭衍」(梁の武帝)と列挙した。あからさまに南朝を「僭偽《せんぎ》」「島夷」つまりニセ皇帝・水辺の野蛮人と貶めるのは、その「中華」性・「正統」性を否定したものである。北朝の立場のしからしめるところだった。

『魏書』はその半面、北魏が遊牧民鮮卑の出自だった側面よりも、中華王朝の性格を強調する。北魏建国以前・鮮卑時代の資料にも、中華主義的な改竄《かいざん》を加えているので、拓跋部族の政権たる北魏の実態は見えづらい。そうした史書・過去の叙述になってしまうのは、やはり南朝との対立・漢人有力者の処遇、ひいては政権運営という王朝の命運に関わっていたからである。

逆もまた真なり。南朝が東南半壁の南朝でしかありえないのは、北朝の存在による。遊牧政権が居すわる中原は、さしあたって奪回できない。となれば、南方に腰をすえたまま、「中華」「正統」をアピールする必要があった。

見いだした活路は、都の建康を中心とする新たな文化世界の構築である。宋の文帝・梁の武帝の治世は、まさしくそうしたとりくみが開花した時代であった。そうしたソフト・パワーの引力は、北方にもたえず作用して、北朝の政情をも動かす。

当時できた『宋書』『南斉書』も、もちろんその一翼をになっていた。北魏を列伝にて「索虜《さくりょ》」「魏虜」と描いたのはその典型で、「虜」は北方遊牧民を貶める常套句《じょうとうく》である。この点は『魏書』の「島夷」と好一対をなしていた。

当時の「正統」論、ひいてはそれを表明する史書、いわゆる「正史」の編纂は、このように南北とも自己の存在理由を主張したものである。それはやはり単なる観念論ではありえない。実際の政権運営にも関わる死活問題であった。

2　隋から唐へ

分立の終焉

南北朝の枠組みが継続するかぎり、断代史の編纂もつづく。当時は政治的思想的にそう動かざるをえない情勢になっていた。

南朝では姚察《ようさつ》という文人が、前代の梁と当代の陳を叙述する史書の編纂を手がけている。かたや北朝は李徳林《りとくりん》。『魏書』を著した魏収と関係のあった人物で、現政権の北斉に対する史書の編纂をはじめた。いずれも情勢を裏書きする動向ではある。

しかし時勢は動いてやまない。政情は目まぐるしく転変した。姚察がつかえた陳は、梁に代わった王朝で、建国したのは『魏書』の完成からほどない五五七年である。かたや李徳林の北斉は、五七七年に滅亡した。さらにその四年後・五八一年、北朝は隋に代わる。このように南北とも、一再ならず王朝・政権の交代を重ねた。

というのも、北朝がにわかに強大化し、他の勢力を武力で圧倒しうる権力体に成長してきたからである。その震源は北斉と並立し、最も西辺にあって文化も立ち後れた北周政権にあった。

北周は同じく北魏を後継する王朝だった北斉とは逆に、漢化の政策方針に背を向け、国粋保存につとめた政権だった。勢力ある漢人の名門有力者が、さほど治下にいなかったからかもしれない。

北周政権はその分、遊牧国家本来の政治軍事能力を維持できた。対峙した北斉、および南朝に優越して、急速な拡大をとげ、東隣する北斉を打倒制圧する。くわえて、まもなく北周に代わった隋が、五八九年に陳を亡ぼし南朝を併呑《へいどん》、中原・江南の分立はかくて終焉《しゅうえん》を迎えた。西晋の滅亡からおよそ三百年ぶりの南北の統合である。

南の姚察も北の李徳林も、なお存命で隋王朝につかえた。以前から企画のあった史書編纂は、南北朝の枠組みが消滅したこのときも、なお完成していない。それぞれに述作の作業を続けていたようである。

ところが情勢は、まだ安定しなかった。南北を統合した隋も、七世紀はじめ、ほぼ二代・三十年で亡び、大乱ののち唐《とう》王朝が制覇し、後継の統一政権となる。時に六一八年、ここでまた新たな局面を迎えた。

「五代史」

唐を事実上建設したのは、第二代皇帝の太宗《たいそう》・李世民《りせいみん》である。七世紀前半に中国史上随一の治世「貞観《じょうがん》の治」をもたらし、屈指の明君と評判が高い。自身・自家を正当化し「正統」化する演技演出のたまものである。もちろん王朝政権の安定の必要からであり、そこは徹底していた。

史書の編纂を動員したのも、その一環である。南北朝の動向を引き継ぎながらも、ここで正史も新たな段階に入った。

李世民

当時は姚察も李徳林も、さすがに亡くなっている。かれらの手がけた史書編纂は、しかしながら絶えなかった。それぞれ息子の姚思廉《ようしれん》・李百薬《りひゃくやく》が遺業を継いだからである。いっそう重要なのは、いずれも唐王朝のいわば国家事業と化したところにあった。

唐は隋の禅譲を受け、その隋は北周の禅譲を受けた。唐の建国時、短命だった前王朝の隋はもちろん、その前代の北周を記す史書もなかった。既成の企画でありながら史書としてなお未完だった梁・陳・北斉をふくめ、南北朝後半の諸王朝は、ごっそり正史が欠落していたのである。

新たに興って天下を統一した唐が、その穴を埋めるのは、自然な趨勢《すうせい》でもあった。記録資料の散逸《さんいつ》しないうちに、修史事業をはじめるべきだと、文臣の令狐徳棻《れいことくふん》が企画進言している。

まもなく西暦六二六年七月、唐の太宗がクーデタを決行、実兄の皇太子を打倒して即位する。こうした後ろめたい即位のいきさつからも、太宗にとって自身・自家の正当化と「正統」化は、喫緊の課題になった。そこで北周史もあわせ、以前からの南北朝史の編纂事業があらためて日程にのぼる。

姚思廉に南朝の梁史・陳史、李百薬に北斉史、および令狐徳棻に北周史を完成させるよう勅命が下ったのは貞観三年。直接個々にではなく、政府事業の一環として、かれらを含む担当官に対する正式な委任でありながら、編纂作業の実務にあたったのは、もちろん当人たちである。

それから七年、貞観十年・西暦六三六年に、以上の四史とともに、時を同じくして編纂のはじまっていた隋史も完成した。当時にいわゆる「五代史」である。

「正史」の確立

以上の経緯からわかるのは、いわば個人的な著述の「私撰」から国家的な事業の「官修」へと正史の編纂形態がかわってきたことである。これは南北朝という時代の産物だったといってよい。

社会不安・政情不穏、浮沈の激しい、先のみえない時世である。そこに際会し、自らのルーツをさぐろうとする名族・知識人たちの歴史意識と述作意欲が高まって、史書の輩出をもたらした。そうした著述は同時に、割拠・興亡のあいつぐ形勢にあって、南北の王朝政権の存在理由を立証する必要にも応じていたのである。

もちろん著述は作者がいなくては成り立たないし、史書は誰でも、またいつでもどこでも書けるものでもない。意欲と才識と環境がそろう必要がある。南北朝はそうした書き手が輩出し、かつまた政権の志向に応じ、条件も合致した時代だった。最も著名な例では、宋の文帝と裴松之、南斉の武帝と沈約、北斉の文宣帝と魏収など、それぞれ具体的な時機・人名の組み合わせをあげることも可能である。

経緯・因果は必ずしも一様ではないけれども、個人の動機と政権の契機と時代の要請があいまって、それぞれの作品ができあがり、残っていったのはまちがいない。そうした史書が朝廷にオーソライズされて、名実ともに「正史」になりゆくのも、やはり南北朝時代であった。

だとすれば、唐初の「五代史」編纂はこうした潮流に棹《さお》さし、決定づけた事業だったといえよう。南北朝で個別に通例化してきた王朝政権の「正史」認定を、あらためて統合して公式化したのであり、それは南北の分立割拠から統一政権への移行を表象、誇示し、さらには正当化しようとしたと言い換えてもよい。

というのも、唐の政権としては当初、文字どおり「五代史」という枠組み、つまり梁・陳・北斉・北周・隋の五王朝まとめて、一つの正史にする方針だったともみられるからである。現行の書名でいう『梁書』『陳書』『北斉書』『周書』『隋書』は、そろって同じ六三六年に完成した。しかもその時点では、いずれも『三国志』と同じく紀・伝のみの構成で、ほかのセクションを欠いている。偶然ではあるまい。

「五代史志」のゆくえ

そしてその五年後、「五代史」全体に対応する「志」の作成がはじまった。その「五代史志《ごだいし》」三十巻ができあがったのは、十五年後の六五六年。編纂を命じた太宗皇帝は、すでに崩じていた。

しかし「五代史」としてまとめるのは、やはり無理があったようである。そもそも異なる時節に、別の編者・動機から述作のはじまった五つの王朝史だった。包含する南北いずれの王朝もごく短命、およそ二代で興亡交代し、編纂にはそれぞれ立場・経緯がある。動機も作風も同じであるはずはない。『梁書』『陳書』は事実上、姚思廉父子の、『北斉書』は李百薬父子の、そして『周書』も令狐徳棻ほぼ一人の著述である。やはり個別単行の断代史として読むのが自然だった。

現行はそうなっている。各々コンパクトなこの四史は、いま読んでも個性ある作品群だといってよい。

ただ、そうすると困ったのが「五代史志」である。「五代史」の全体に対応すべきこの作品は、行き場を失って、半世紀ほど後、太宗の曽孫の玄宗《げんそう》が即位してまもなく、そのまま『隋書』の「志」として繰り入れられた。

そのため現行の『隋書』は全八十五巻となっているけれども、先行して完成した紀・伝と、後から加えた志とは、もともと編纂の時期・経緯・範囲を異にする別行の書籍である。両者の叙述や構成がぴったり合致するはずはない。

そもそも「志」は、司馬遷『史記』の「書」に始まる。紀伝体をはじめた『史記』は、人物伝記の本紀・列伝でつくせない通時的・社会的・制度的な事象を「書」のカテゴリーで描いた。後を承けた『漢書』が「書」を「志」と改めて『史記』を踏襲、さらにそれを沈約の『宋書』がひきついだことで、正史・紀伝体は「志」を備えるのが定式・慣例となる。「五代史志」の編纂も元来はそうした慣行に応じながら、なおかつ新たな意味を付与しようとしていた。

「志」の分離・存否

内藤湖南によれば、「元来、志は歴史編纂の仕事の中で最も難しいものといわれ、班固の志にすら非難がある位であるから、志をうまく作りかねた」ことが多く、「されば志を作れるような手腕のある人が出ると、前代の歴史に無い志を通じて作るようになった」。

その嚆矢は沈約の『宋書』である。先行する『東観漢記』『三国志』、あるいはすでにいくつか出ていた晋朝の史書に「志」がなかったので、本紀・列伝は宋一代のみを対象としたのに対し、「志」のほうは後漢以後、三国両晋から宋までを通したものとした。完成も紀・伝よりずいぶん後になってからである。沈約のつかえた王朝政権も、南斉から梁に代わっていた。したがって『宋書』の志三十巻は、同じ編者ではありながら、先んじて完成した紀伝と一体一様の作品ともいいがたい。

このように「志」が分かれて、まちまちなありようは、以後もつづく。南朝は『宋書』の後を承けた『南斉書』と北朝の『魏書』は志があるものの、両者はありようが同じではない。後者が通例に違って、本紀・列伝の後に配する編成なのは、編纂の時期・関係者に相違があったためだろう。

南北ともそのためにかえって独自性が出せた。『宋書』の志は三国以来の、とりわけ江南の制度通史として読めるし、『魏書』の志は「官氏志《かんしし》」「釈老志《しゃくろうし》」など、前代になかったものもあり、典礼にも多大な紙幅を割いて、鮮卑が君臨した北朝の体制・宗教を摑《つか》む手がかりを与えてくれる。

「五代史志」はそうした前例を踏襲しつつ、おそらく五つの王朝すべてにわたる制度文物を記すことで、南北を通じて統合する叙述をめざしていた。「よほど意を用いたものであって、ほとんどみな当時の専門家に作らせた。天文志《てんもんし》は李淳風《りじゅんぷう》に書かせ、その他、李延寿《りえんじゅ》・令狐徳棻など、当時では歴史の専門家といわれるものが参加して書いたので、この志はよくできているといわれる」とは、内藤湖南の評である。明確な意図があり、それだけに力も入っていた。

しかし結局「五代史」が各々の王朝ごとに単行となれば、統合をめざした「五代史志」は、どこへいけばよいのか。北朝から出ながらも南北を合わせ、唐の前身となった隋を描く『隋書』しかありえない。

3　『隋書』から『晋書』、そして南北史へ

『隋書』の位置

『隋書』は完成時期のひとしい「五代史」のうち、最も遅れて編纂がはじまったものである。したがって最も短い期間でできあがった。足かけ八年である。梁・陳・北斉・北周の四史と

は、企画・執筆の経緯が異なり、ひいては仕上がりも性格も、おそらく同じではない。

ほかの四史編纂は唐の太宗即位より前にはじまっている。唐に先だつそれぞれの朝代にて文臣の発議にかかり、事実上その父子・個人の手がけたもので、最後には唐の太宗期の公式事業に含まれながらも、実質はほぼ「私撰」といってよい。

それに対し、現行の『隋書』紀伝五十五巻は、はじめから太宗の肝煎《きもい》り、いわゆる「官修」だった。顔師古《がんしこ》・孔穎達《くようだつ》・許敬宗《きょけいそう》ら当代有数の学者からなる編纂チームを作って、共同で作業にあたらせている。「分纂」でもあった。

チームの総裁には、魏徴《ぎちょう》が任じた。魏徴といえば、太宗の近臣にして「貞観の治」でも著名な諫臣《かんしん》でもある。隋亡国の二の舞にならぬよう、施政を導く責務を自任しており、『隋書』編纂も同じ文脈・役割であった。編纂の過程で紀伝の「序論」を執筆したといい、現行本の各巻頭にも「特進臣魏徴上」という内題が残る。

魏徴は公式には「五代史」全体の監修でもあった。だからほかの四史にも「総論」を書いて、まとまった「五代史」の体裁を保とうとしている。けれども内容の隔たりは、やはり埋められず、『隋書』はけっきょく断代史となった。

ちなみに『隋書』の十志三十巻は、現行本各巻頭に「太尉《たいい》・揚州《ようしゅう》都督《ととく》・監修国史《かんしゅうこくし》・上《じょう》柱国趙国公《ちゅうこくちょうこくこう》・長孫無忌《ちょうそんむき》等奉勅撰」の内題がある。つまり代表者は長孫無忌という人物で、太宗の近臣にして、しかも近親でもあった。太宗の信任は劣らず篤《あつ》いとはいえ、紀伝を総裁した魏徴とは別人である。「五代史志」ないし『隋書』の志は、やはり『隋書』本紀・列伝と異なる別の書物だった。両者の間には、したがって齟齬《そご》も多い。

『隋書』はこのように期せずして、「五代史」の構想・経緯、ないしイデオロギー・性格を最もよく示す断代史の作品となった。コンセプトは隋の正統を唐が承けたことを示すねらいであり、太宗自身の立場、および自家・唐王朝の存在理由を正当化するにある。

それには前代を傾け、大乱を導いた隋の煬帝《ようだい》は、暗君暴君でなくてはならない。しかも唐に先駆けて南北を統合した父帝の文帝は、明君英主でなくてはならなかった。そんな明暗のコントラストが全体のトーンをなしており、つい最近まで、われわれも共有していた歴史観でもある。正史の影響は絶大だった。

具体的な叙述にも、同様の特徴がある。短期間の分担作業だったためか、用いた資料もしばしば相互無批判に陥り、紀伝のなかでも記述の矛盾が少なくない。

典型なのは、著名な煬帝による文帝弑殺である。本紀にまったく存在しない父親殺害をほのめかす記事が列伝にはあって、いかにも煬帝が暴虐非道であるかの印象を与える叙述だった。記事の矛盾と唐の立場を二つながら示す事例であって、そうした類は『隋書』のいたるところにみえるはずである。

『晋書』の企画

隋は北朝に出自して天下を統一したものの、やはり永続はかなわなかった。長く続いた南北の相剋《そうこく》・天下の大乱を収束させたのは、ほかならぬ唐である。それこそ唐王朝およびその創業者・太宗にとって、とりわけ漢人に対する存在理由だった。「五代史」とりわけ『隋書』は、そこを反映する「正史」ではなくてはならない。

大乱の収束・統合の経過はそれで明らかになるとして、そんな従前の南北相剋はどのように始まり、どう続いていったのか。そうした視座から、収束させた唐の立場を説明し正当化するには、どうやら「五代史」だけでは足らない。南北相剋の淵源をたどり、沿革を通してみる必要もでてくる。先行した南北朝史の『宋書』『南斉書』『魏書』をくわえても、まだ不十分だった。

その淵源とは、三国を統一しながら、まもなく中原を喪失した晋王朝にある。三世紀末から五世紀初め、両晋の時代に南北の分立・相剋の形勢がはじまり固定化した。その時代を描いて意義づけることは、いよいよ唐の正統化に資するだろう。

「五代史」がひとまず完成したのが貞観十年（六三六年）、唐の太宗はその五年後に「五代史志」の編纂を命じた。さらにその五年後、貞観二十年閏三月四日、『晋書《しんじょ》』編纂の「詔《みことのり》」

を下している。

それぞれの総裁・監修も、魏徴・長孫無忌・房玄齢《ぼうげんれい》という著名な近臣にして重臣ばかりであった。どうやら一貫した計画的事業になっていたように思《おぼ》しい。

もっとも『晋書』編纂を命じた貞観二十年は、太宗はまだ四十代ながら、晩年を迎えるころにあたる。前後は身辺多事でもあった。皇太子廃嫡《はいちゃく》や高句麗《こうくり》討伐など、内外に大きな事件があり、しかもともに後味のよくない結末で、自身も意気消沈したことであろう。「五代史」編纂からも、ずいぶん時日を経ていた。あらためて正統性をアピールせねばならない。そんな動機だったとみては、うがちすぎだろうか。

ともかく詔勅を奉じて、『晋書』の編纂ははじまった。宰相の房玄齢ら三人が全体を監修し、部下として十八人の史官を配置し担当させている。いずれも著名な文人官僚ではあり、やはり『隋書』と同じくプロジェクト・チームの分担作業だった。

事業が始まったときには、『晋紀《しんき》』『晋記《しんき》』など晋の歴史を記した先行書籍が、およそ二十種も存在していたという。そうした書物をつきあわせてできあがったのが『晋書』である。「帝紀」十巻・「志」二十巻・「列伝」七十巻のほか、東晋が逐《お》われた中原で割拠した五胡十六国の君主に関する「載記《さいき》」三十巻をくわえ、合わせて百三十巻。時に貞観二十二年、詔勅を受けて、わずか三年足らず後の完成であった。

これほど浩瀚《こうかん》な書物にしては、かけた時日はずいぶん少ない。いささか拙速《せっそく》にも映る『隋書』と比べても、はるかに短期間である。とくに急ぐ事情があったのか、材料豊富で多くの学者が携わったから、自ずと速くできたのか。その間の事情はわからない。ともあれ以上から見ても、『晋書』はまさに空前異例の正史だったとはいえよう。

「御撰」の意味

『晋書』は撰者を「唐房玄齢等奉勅撰」とするほか、「唐太宗御撰《ぎょせん》」とする版本もある。劈《へき》頭《とう》の宣帝（司馬懿《しばい》）紀にくわえ、武帝（司馬炎《しばえん》）紀・陸機《りくき》伝・王羲之《おうぎし》伝の二紀二伝の史論を、太宗が手づから執筆したからである。

その史論、さわりだけみてみよう。列伝の二人は太宗お気に入りの文人書家なのでさておき、やはり皇帝に即位し、また三国を併《あわ》せた武帝・司馬炎に対する論評が適切だろうか。

数年もたたないうちに、綱紀《こうき》は破壊、海内《かいだい》は大乱、王朝は南渡した。中央至高の地にいるべき天子が逆に野蛮な地でくらし、神州中原の地がかえって野蛮な人々の住地となってしまう。尊卑顚倒《そんぴてんとう》、天下の物笑いになったのは、なぜなのか。あらかじめ慎重でなかったため後患《こうかん》を残したからである。賢父《けんぷ》なら息子を、明君なら臣下をよく知るはず。嗣《し》子《し》が不肖なら家は亡び、臣僚《しんりょう》が不忠なら国が乱れる。ところが武帝は優柔不断で、除くべき匈奴の劉淵《りゅうえん》を却《しりぞ》けなかったので中原が擾乱《じょうらん》にいたり、廃嫡してよかったはずの恵帝《けいてい》に後継させたため王朝が亡んだのだ。

（『晋書』巻三、武帝紀）

もちろんこれは南北の分断と騒乱に対する悲歎《ひたん》であり、その原因を作った晋の武帝に対する非難である。同時に天下を統一、平定した唐王朝の自賛にほかならない。

しかしそれだけでなかったところも、注目に値する。武帝の失政を継嗣と辺境の問題放置に収斂《しゅうれん》させており、前者は王朝を、後者は天下を保つに、処断が欠かせなかった。武帝は目先の安逸《あんいつ》・仁徳にひきずられて、処置を怠ったため、西晋を亡ぼしたというわけである。つまり武帝と違って、自分は処断にふみきったから、一統の唐が永続できるとの立場の表明であった。

おそらく当時は皇太子李承乾《りしょうけん》の廃嫡にせよ、高句麗に対する親征にせよ、太宗の措置には少なからぬ異論があったに相違ない。たとえば亡き諫臣の魏徴なら、戒《いまし》めていたはずの挙ではあろう。自覚していたからこそ、正当化しなければならず、このような文面になったといってよい。

ともあれ『晋書』の「御撰」の意味は、大小兼ねて存する。大にしては、南北を統合したにもかかわらず、解体・騒擾を招いた晋王朝そのものの批判、および再統合をはたして、大乱を収拾収束させた唐王朝全体の讃美、小にしては、司馬懿・司馬炎の卑劣姑息な創業・守成に対する非難、および太宗本人の正大果断な君臨・施政の辯明《べんめい》にある。

太宗は勧善懲悪の叙述を通じて、本朝の品格を誇示し歴代の規範を垂れることが「史籍」の効用だと論じた。そのテーゼを最も典型的に示したのが、この『晋書』だったのである。

悪評と慣例化

正史の編纂はかくて、王朝権力の主宰による断代史の「官修」「分纂」が原則となった。つまり君主・皇帝が王朝イデオロギー・権力エゴイズムを表明するため、多くの史臣をあつめて「機械的」に作らせる官営事業となり果てる。

さすがに太宗の手が入っているだけあって、唐一代は『晋書』に対する目立った悪評はなかった。けれども以後は、およそ評判の悪い史籍の最右翼に位置する。

内藤湖南にいわせれば、「歴史の堕落をきたした」のであって、司馬遷以来「一家の仕事として史法を心得たものが書くべき」はずの史書は、もはや「単なる編纂物に過ぎずして、著述とはいい難いものとなった」。またその内容について、「前後の矛盾・照応《しょうおう》の欠如・叙事の誤脱は数え切れない」とは、中国政府の肝煎りで中華書局が一九七〇年代に出した「標点本二十四史」『晋書』の「出版説明」の論評である。

内藤はさらに前述した「志」に関しても、「最も不都合で無意味なのは、晋書の志である」と断言した。『晋書』の志の内容は「沈約の宋書に含まれておって、それ以外に重要な新事実はな」く、「単に勅撰史の体裁を整えるためのもので、著述としては全く重複した無用のもの」だと最大限の罵詈を動員する。

これはさすがに言い過ぎで、訂正を免れない。『晋書』には『宋書』にも『続漢書』にもなかった「食貨志」があって、後漢の成立した一世紀から東晋末期の五世紀初めにいたる約四百年間の財政経済をみる基本的な史料をなしてきたからである。

とにかく誇張はあるにせよ、以上は「官修」「分纂」の『晋書』が評判の悪いゆえんを、近代学術の立場から説明した言にほかならない。集団作業の没個性で、杜撰《ずさん》な書物だというのが古今の定評である。

そうはいっても、『晋書』が二十四史・正史の一つとして基本資料となったのはまちがいない。上でみたように、「正史」は以後、断代史の「官修」「分纂」がまったく慣例化したからである。然《しか》らしめたのも、やはり歴史ではあった。

知識人エリートたるもの、誰しも公式な史書編纂はそうしたものだとみなして疑わなくなっている。唐の太宗が『隋書』『晋書』で敷いたレールは、やはり時代の知的な潮流・風尚に棹さしていた。

時代の表象

そうした時代の通念には、いくつか見過ごせない点がある。『晋書』は南北分断をもたらした武帝・司馬炎を批判することで、唐王朝のあるべき世界観を表現した。それなら晋王朝に背いて対峙した割拠勢力、いわゆる「五胡十六国」を描く叙述にも、その反映があって不思議ではない。すなわち『晋書』の掉尾を飾る「載記《さいき》」三十巻である。

正史・二十四史のうち、「載記」は『晋書』にしかない。もともと後漢の班固が『東観漢記』を編纂したさい、王莽の末年に割拠勢力として自立した反乱集団や公孫述の事蹟を述べたカテゴリーだった。『東観漢記』は上に述べたとおり、かつて『史記』『漢書』とともに「三史」と称して流布した書物である。唐代まで後漢王朝の「正史」といえば、范曄の『後漢書』よりは、むしろ『東観漢記』だった。『晋書』編纂にあたり、「載記」という名辞・スタイルになじみがあっても不思議ではない。

割拠勢力を描く類似の分類としては、さかのぼると『史記』の世家があった。『漢書』以降、皇帝の統一王朝の断代史と化して、世家はひとまず不要にはなるものの、やはり列伝と異なる分類が必要な場合もある。世家が述べるのは、正当な公認をうけた諸侯だから、リスペクトの対象だった。「載記」はそれとは逆に、主君に背く反逆を語っているので、むしろ貶める方向である。

後発の『後漢書』は、『東観漢記』が「載記」として述べた部分を、すべて列伝に繰り込んだ。それでさしつかえなかったのは、勢力として重視するに足らず、割拠の期間も短かったためであろう。

かたや『晋書』は五胡十六国それぞれの興亡を描くにあたって、このカテゴリーをあらためて用いることにした。ねらいは成功したようで、錯綜した史実経過を整理し、東晋との南北分立、相剋を表現しえている。悪評嘖々の『晋書』も「載記」に関するかぎり、体裁も内容も当を得た、と後世の評価は高い。時代に見合った唐の位置・太宗の企図を示していよう。

「載記」は僭越《せんえつ》・謀反《むほん》を非難はしても、華夷《かい》を隔てて差別するための枠組みではなかった。そうした役割は『史記』以来、列伝がになってきたところである。したがって「五胡」諸国に対する『晋書』の野蛮視は希薄で、遊牧民特有の風習を随処《ずいしょ》にかいま見せるものの、生活様式や慣例・観念などを精細に伝えてはくれない。現在の歴史学でも、その究明がとりくみの対象の一つとなっている。ともあれ、そうした『晋書』載記は、鮮卑・北朝出自の唐王朝が有した南北一体の世界観を表象するといってもよい。

またいわゆる「十六国」のうち、現在の甘粛《かんしゅく》省にあたる西北に割拠した漢人政権の前《ぜん》涼《りょう》・西涼《せいりょう》の二ヵ国は、載記ではなく列伝に入っている。双方とも必ずしも自立的な割拠勢力とは言い切れないこと、とくに後者は血統上、隴西《ろうせい》の李氏という家門を標榜した唐王朝の源流をなしたことで、いわば特別な待遇だったようにおぼしい。これも唐の立場を示した位置づけではあろう。

李延寿父子

唐代の史書編纂がめざしたのは、『晋書』を典型とする空間的にひろがる以上の世界観の表出ばかりではない。時系列的に通じる社会観の明示も存在した。最たる事例はやはり正史としてカウントされ、二十四史の一角をしめた『南史《なんし》』『北史《ほくし》』である。

『晋書』の時代に続く南北朝を描く正史は、つとに隋唐以前、『宋書』『南斉書』『魏書』が成立していた。唐におよんで、『梁書』『陳書』『北斉書』『周書』が完成する。いずれも南北の分立時代に、それぞれの動機で別々に編纂がはじまったものだった。唐の太宗が爾後、終点を『隋書』、始点を『晋書』で一括して、全体をまとめようとしたのは、隋が北朝の流れを汲み、晋が南朝の源を発した王朝だったからである。

そうした経緯はもとより、太宗の企図が必ずしもうまくいかなかった事情も、上で述べたとおり。けっきょくは各々の断代史にとどまった。

統一王朝の立場からは、元来がバラバラで、相互に齟齬を免れない記録であり、歴史の体裁として、そのまま捨て置けない。そう考えたのは、君主の太宗ばかりに限らなかった。実地に史書の編纂を手がける立場からも、然りである。

隋が陳を亡ぼして、南北統合をはたしたのが西暦五八九年。その前後の時期に成人し、著述に志した李大師《りたいし》という文人官僚がいた。新たな時代に際会したという意識からであろうか、南北朝を叙述したかつての『宋書』『魏書』などにあきたらず、新たな南北朝史の執筆を志す。従前は南北相剋のさなかとあって、「南の書は北を「索虜」、北の書は南を「島夷」と蔑《さげす》んだ」のみならず、記載が「自国ばかり周到で、他国は疎漏《そろう》、虚偽まである」ので、「編年体で南北を揃えようとした」。

ところが李大師は、隋末大乱のさい、唐と対立して敗亡した勢力に附いたため、流刑に処せられる。赦免の後ようやく本格的に著述に従事できたものの、六二八年（貞観二年五月）に歿し、素志《そし》を遂げることはかなわなかった。

遺志を継いだのは、四男の李延寿《りえんじゅ》である。唐王朝に文臣として仕え、『隋書』「五代史志」の編纂事業にも携わった。その傍《かたわ》らで、父の遺業にとりくむ。

本人の言によれば、着手は「まだ五代史も出ていないころ」、「家も貧しくて筆写の人を雇うこともできなかった」ので、各王朝の「正史」を「自分で筆写」をはじめ、司馬遷『史記』の体例にならい、本紀から書き連ねていった。『宋書』『南斉書』『魏書』「五代史」の八史にくわえ、ほかの史書で不足を補い、冗漫なところを削りつつ、「十六年」かけた末に『南史』『北史』計百八十巻を完成させる。

『南史』『北史』の意味

脱稿した『南史』『北史』を李延寿が朝廷に上呈したのは六五九年。すでに太宗は崩じ、次代の高宗の顕慶《けんけい》四年となっていた。高宗は一読後たいそう喜び、もちろんその流布に公認をあたえ、親しく序文までしたためたという。

その序文も残っていないので、高宗の真意は想像するほかない。それでもやはり「五代史」で挫折していた南北朝史を統合した具体的成果に対する評価を含んでいたはずである。大きな情況でいえば、天下一統をはたした唐王朝のイデオロギー称揚・正統化に資する側面があった。それをよくあらわすのは、『北史』に隋を含むことであり、「五代史」に隋を含んだのにならったものだろう。一統はあくまで唐の功業であって、隋は「北朝」でしかないとする史観だった。統一の時代に生きた父子の発想と執筆は、やはり当時の通念に合っていたというべきだろうか。

さらに作品の具体的な内容構成でいえば、やはり断代史ではなく通史のスタイルをとったことにある。『史記』にならって、王朝・時代の順に連ねただけではない。むしろ個々の列伝に顕著な特徴があった。一個人を主とはせず、数代相続した家は必ず一つにまとめ、朝代の異同・任官の有無にかかわらず、子孫兄弟も数代をつづけて書く家譜《かふ》・家伝《かでん》の体裁としたのである。これでは、個人本位の『史記』列伝にならったとはいえない。むしろ逆である。

おそらくこうした体裁は、李延寿の独創ではない。魏収の『魏書』に先例があって、西晋の滅亡以来、「門地を示す譜牒《ふちょう》が散逸したので、その類を保存する」目的だった。李延寿は当時「穢史」と悪評の高かった『魏書』を逆に高く評価し、叙述の典拠としたほどだから、これも『南史』『北史』が模倣したのであろう。

『魏書』は断代史なので、範囲は北魏一代だった。通史の『南史』『北史』はそれに対し、前後・南北と複数の朝代にわたっても、一家の系統により一続きに書いたから、どの時代・王朝なのか、人によっては判別しがたい。そんな現象も、政治的な王朝政権より社会的な門閥声望を重んじた当時の実情・通念を反映している。

唐王朝の統治は南北朝以来のそうした政治社会をひきついだ。政権として門閥名族をどう処遇するかは、当然に重大な問題である。李延寿の作風はこのような要請にも合致していた。群臣・エリートの素性《すじょう》家柄《いえがら》を知ることが肝要であり、その用途にかなったからである。

また『南史』『北史』は、基本的に『宋書』『南斉書』『魏書』および「五代史」の八史のダイジェストだった。そのため南北朝史の全体を手軽に通覧し、大づかみに把握したい知識人のニーズにこたえる書物でもある。

次代の宋代は、そんな機運の高まった時代であり、後述するように、正史をすべてダイジェストした通史『資治通鑑』、経書のエッセンスを紹介した入門書「四書」を生み出した。そこで『南史』『北史』がよく読まれたのも、偶然ではない。逆に従前の南北朝断代史の八史に残欠が生じるほどになった。

第3章

正史の転換

1　唐宋変革

史学の成立

七世紀・唐の太宗から高宗の時代は、史書にとって大きな転機である。まずいわゆる歴史意識、つまり現在の由来として過去をさぐって位置づける考察の進展があった。前代からひきついだその意欲・意識は、確乎と存続していたばかりでなく、どうやらさらに高まり確立している。だから以上に見てきたような、西晋以降に対する新しい史書の編纂のみならず、既存の正史に対する研究もすすんだ。

当時の古典研究とは、注釈をつけることにほかならない。正史では、すでにみた南朝の裴松之・裴駰父子の『三国志注』や「史記集解」が先鞭《せんべん》をつけており、その流れは唐代にまで及んだ。とりわけ正道として盛んだったのは、テキストの字義・語義をさぐる、いわゆる「訓詁《くんこ》」の注釈である。

最も著名なのは、『漢書』のいわゆる「師古注《しこちゅう》」であろうか。従前おそらく最も読者を獲得し、したがって数多の注釈が存在していた『漢書』に、顔師古《がんしこ》が既存の成果を集大成したうえに、精細な研究をくわえて決定版の注釈をしあげた。完成は貞観十五年（六四一）のことである。

さらにその「師古注」を継承する心づもりだったのだろう、高宗の第六子にして皇太子に立てられた章懐太子李賢《しょうかいたいしりけん》が、学者を集めて范曄の『後漢書』に対する周到な注釈を作った。ところが、その李賢は立太子からおよそ十年後、嫌疑をかけられて自殺に追い込まれる。奇《く》しくも范曄と同じく、非業の最期ではあった。

こうして七世紀半ばのこの時代までに、およそ「前四史」の注釈がそろう。以後さらに『史記』の注では、司馬貞《しばてい》の「索隠《さくいん》」と張守節《ちょうしゅせつ》の「正義《せいぎ》」も出た。裴駰の「集解」とあわせ、「史記三家注《さんかちゅう》」と称す。

後世の人々は「前四史」に関するかぎり、以上の注釈に頼って読解をすすめた。もちろん現代のわれわれも、例に漏れない。

そしてそんな具体的な意識・情勢を象徴するものとして、「史」部の分類・「正史」という術語が出現する。つまり「史学」の成立といってよい。いずれもすでに事実上、存在していたカテゴリー・概念・営為ではあって、ここまでも語彙としては、便宜的に使ってきた。ただ現在のこる文献からわかる史実経過では、もと「五代史志」のうちの一つの現『隋書』経籍志《けいせきし》が、はじめてその意義で用いた術語である。これ以後は掛け値なしに、歴史用語として使ってよい。

史学・正史・史書がこのように一定の概念として成形化したのが、唐代・七世紀であった。いわば一つの到達ではあり、以後も絶えずに持続して、関連する著述の上梓《じょうし》もあい継ぐ。八世紀はじめには、劉知幾《りゅうちき》が『史通《しつう》』を著した。『史記』をはじめ、それまでの史書を論評した、現代でいえば史学評論のはしりである。その一世紀のちには、杜佑《とゆう》が『通典《つてん》』を編んだ。いわば制度通史で、正史・断代史の「志」にあたる部分を古今にわたって、精細にまとめている。いずれも長く読み継がれた名著で、後継書・類書が続出するなど、以後に範を垂れた著述でもあった。

変革の様相

それでも歴史の流れは、滔々《とうとう》として已《や》まない。到達点からの変容も、すでにはじまっていた。いわゆる唐宋変革である。政治・社会・経済の変動はつとに八世紀の後半から顕在化しはじめ、次第に文化の領域にも革新が及んでいった。一〇世紀後半・宋代になると、面目を一新している。

一朝一夕《いっちょういっせき》のことではない。多方面にわたって、数百年のプロセスを経た変革ではある。それが史学、あるいは正史の局面で作品の形をとって顕在化するのは、下って一一世紀のことだった。全体的なプロセスからみるなら、むしろ変革の高潮・完成期にあたる。だとすれば、史書にあらわれた変化から、逆に変革それ自体を大づかみにとらえることができるといってもよい。

唐は曲がりなりにも、三百年つづいた王朝だった。唐初に定まった断代史・正史の枠組みにしたがえば、後継の王朝政権が自身の正統化のために前代の歴史を編むのが通例である。それなら王朝が存続する間は、その王朝の正史＝断代史を編むことはありえない。表にも見えるとおり、『隋書』の後を継ぐ『唐書』ができるまでに、三百年の歳月を経たのは、その意味では必然である。

しかしそれだけ時間が経つうちに、世の中はすっかり変わってしまった。中国史上の宋代、とりわけ一一世紀の時期を「ルネサンス」と称する向きもある。文化・学術の一大刷新というにひとしい。

知識人エリートの思想・思考の根幹を規定する儒教そのものが革新を果たして、宋学の潮流を生み出した。その到達点は周知のとおり、朱子学の大成である。

また文章表現でも古文復興の運動が、はるかに溯《さかのぼ》った唐代からおこっていた。前代まで流行した技巧修飾を凝らす駢儷文《べんれいぶん》を排して、漢代の簡勁達意《かんけいたつい》な文体に回帰しようという動きであり、主導したいわゆる唐宋八大家の筆頭は、唐代中期・九世紀の韓愈《かんゆ》という文豪である。

古文の規範の一つが正史の祖・司馬遷の『史記』だったからか、その動きは史書で、いっそう早かったらしい。唐代の初期、姚察・姚思廉父子が著した『梁書』『陳書』の文体が、古文復興の先駆だとの説もある。

だから変容は、史学の全体でも避けられなかった。儒教や文章とあいまった動きだったといってよい。史学は元来、経学・儒教から派生した学術であり、その作品は文章でしか書きようがないからである。そして従来の史学に対する反省・刷新も、このときに顕在化した。具体的な作品・名著も残っている。

君主権の強化と史書

そうした動向の条件・要因は、必ずしも単純ではない。まず挙げるべきは、政治体制に生じた顕著な変革、いわゆる「君主独裁制」の確立である。

脅威となりうる旧来の門閥勢力は没落、衰頽《すいたい》し、天子・皇帝は至尊の地位になった。以後の王朝はかくて、唐代以前とは比較にならない安定政権を実現する。

王朝権力が主宰する史書の「官修」「分纂」は、唐代に定着していた。太宗肝煎りの『晋書』編纂が典型であろう。史学に関わる記録の作成・蓄積・編集などの作業は、宮中に担当する部局を置き、たとえば宰相が兼ねてその任を代表する慣行になった。実際に筆を執る史臣は、政権のイデオロギーを体して、利害に背かない記事を残すための存在、またそんな臣僚の担う史学も、個性・識見の乏しい官営の事業と化し、以後もこのありようは続く。内藤湖南のいう「一家の見識」をそなえた「一家の著述」としての史書は、姿を消す大勢にあった。

「官修」「分纂」への転換は、帝権の確立をめざして、輿論《よろん》の統制をはかろうとした唐王朝の努力の一環にほかならない。その努力が宋代にいたって実ったともいえる。君主の地位が確立すると、歴史の記録・編纂はいよいよ王朝本位・君主中心になってきた。

たとえば天子の公的な言動を日々記録した「起居注《ききょちゅう》」というものがある。もちろん近侍《きんじ》の史官の手になり、従来は原則として君主に忖度《そんたく》はなかった。それが正史の本紀編纂の資料をなしてきたのである。

ところが宋代に入ると、「起居注」の記事をまとめて天子の一覧を経るのが慣例になった。君主の地位・権威が上がった証《あかし》でありながら、これでは天子に都合の悪いことは書けない。一事が万事、もちろん「起居注」にとどまらず、公式な史書編纂はあらゆる局面で、その種の忖度が慣例となる。

政治権力だけの問題ではない。そうした趨勢を可とする社会情勢もあった。唐宋を経て、君主に拮抗凌駕《きっこうりょうが》する門閥勢力は衰退し、臣僚たるべき知識人エリートは文官登用試験の科挙を通じて、自身の存在を王朝・天子に依存したからである。概していえば、知識人は公私の文筆活動も含め、多かれ少なかれ、好むと好まざるとかかわらず、当代の皇帝権力・王朝政権・政府イデオロギーにいよいよ従順、迎合的にならざるをえなかった。

そんな人々の書いた歴史が、後世の人々、なかんづく現代人におもしろかろうはずはない。せめて史料・史実になるべく忠実な記述を期待するのが関の山であって、以後の中国の史学・史書をみるさいに忘れてはならない点である。

2 『唐書』

『旧唐書』

宋代はそれでも西洋の「ルネサンス」に比せられるほど、文運さかんな時代だった。すぐれた文人個々の才能・力量もあいまって、史書もすぐれた作品が少なくない。その意味での「一家」の識見・器量は、やはりこの時代にきわだっていた。

ともかく具体的な著述をみたほうがよい。おもしろいかどうか、あるいはどこにおもしろさ、意味を見いだすかは、そこで判断すべきことでもある。

唐王朝は長く続いた大乱の末、九〇七年に滅亡した。後継した王朝政権が、自らの存在を正当化するには、その正史・断代史を「官修」せねばならない。南北朝にはじまり、唐初に確立したルールであった。

唐を継承した王朝とは、いわゆる「五代」である。前世紀から続いた群雄割拠《ぐんゆうかっきょ》の戦乱はやまず、王朝政権もめまぐるしく交代した。「五代」とは、五つの王朝という意味ではありながら、君臨した政権の数は、実際にはもっと多い。しかもほとんどが力づくの興亡だった。およそ寧日《ねいじつ》ないありさまである。唐を滅ぼした後梁《こうりょう》政権も、その後梁を亡ぼした後唐《こうとう》政権も、唐の正統を継ぐべく、正史編纂の意向を有してはいた。しかしそもそも唐王朝の末期から一貫して多事多難である。当代の史料整備もゆきとどいていなかったから、後梁・後唐とも当局は、資料の蒐集につとめるばかりで手一杯、いずれの政権も短命に終わったこともあり、唐王朝の正史を編纂するまでには至らなかった。

ようやく待望の正史ができたのは、一〇世紀半ば、後唐に代わった後晋《こうしん》の時代である。政権が重ねて興亡をみてからの到達ではあった。

これが現行の『旧唐書《くとうじょ》』の原型である。本紀二十・志三十・列伝百五十の全二百巻、さすがに三百年間の歴史をカバーするだけに、浩瀚な書物だった。唐の太宗は「五代史志」を編纂し、『晋書』でも「志」を揃えたりして、紀伝のみの述作が多かった正史の規模回復につとめたものの、すでに述べたとおり既成の著作と齟齬をきたし、必ずしも十全のできばえにはなっていない。『旧唐書』に本紀・列伝のみならず、志もそなわっているのは、おそらくその先例に鑑みた結果であろう。

けれども唐が亡んでから、まだ半世紀にもならない。それも戦乱ばかりとあっては、必ずしも周到な準備と手続きを踏んでしあげることはできなかった。資料の取捨選択・整理精選にゆきとどかず、いたずらに分量がかさんだ点はいなめない。

しかも騒乱の多かった唐末の時期には、記録そのものが乏しく、その内容も薄弱だった。唐王朝全体を通じてみれば、記事の精粗にムラがあるばかりか、文体もちぐはぐになる。

そうした史料の不備も影響して、『旧唐書』は必ずしも高い完成度の著述とはいえない。本紀は枝葉末節《しようまっせつ》が多くて冗漫《じょうまん》に失《しっ》し、列伝は履歴ばかりで事蹟に乏しかった。そうした点、確かに改善の余地がないわけではなかった。

この正史が成ってまもなく、後晋は南下した遊牧国家・契丹《きったん》の攻撃を受けて、首都の開封《かいほう》が陥落、あえなく滅亡する。正史を編む資料になった政府・宮中所蔵の文書・典籍のたぐいは、多く灰燼《かいじん》に帰した。かくて唐代の史的な資料は、この正史を含む、わずかな書物のなかに残るのみとなったから、資料の保存という点で、『旧唐書』の存在した意味は、決して小さくない。

『新唐書』

それなら、続く後代の人々がこうした著述をどう読んだか。さしあたっての問題は、それである。「五代」の乱世を克服して、治世を実現し文運さかんな時代を演出した宋人の好みに、『旧唐書』はどうやら合わなくなってきたらしい。

泰平のつづく一一世紀の半ば、仁宗《じんそう》皇帝は建議にしたがって、『旧唐書』のつくりなおしを命じた。一〇四四年（慶暦《けいれき》四年）のことである。『旧唐書』は「編年は乱れて、精粗もバラバラ、文彩はみえないし、落ちている史実も多い」という書物だった。こうして始まった事業は、一〇六〇年（嘉祐《かゆう》五年）におわって新たな『唐書』が完成した。いわゆる『新唐《しんとう》書《じょ》』である。

このように『新唐書』も『旧唐書』と同じく、「官修」「分纂」の史書である。上にも述べたように、宰相が正史監修の任にあたる例になっていたから、執筆に携わったかどうかにかかわらず、撰者はその名前をあげることが多い。表にみえるとおり、『旧唐書』の劉昫《りゅうく》もそうである。かれは名目だけで、実際に編纂を手がけたのは、少なくとも前後のべ九名にのぼった。そのうち張昭遠《ちょうしょうえん》という文臣が最も尽力したという。

『新唐書』でも事情は変わらない。それなら撰者として名のあがる欧陽脩《おうようしゅう》・宋祁《そうき》も、かつての劉昫のような名義だけかといえば、そこはかなり事情が異なる。表に掲げた撰者名は、通例にしたがった記載ではありながら、挙げ方は新旧決して同じではない。またそれが『新唐書』の特徴を示してもいる。

編纂の勅命が下ってから『新唐書』ができるまで、十七年かかった。唐の滅亡からはおよそ百五十年が経過する。『旧唐書』という先例、あるいは資料のあったことを考慮に入れると、仁宗皇帝がいささかしびれを切らして督促したのも無理はない。それなりの時間を要したのは、やはり紀伝体に対する「分纂」、それぞれのセクションで多数の人が関わったからでもある。

『新唐書』は本紀十・志五十・表十五・列伝百五十の構成で、『旧唐書』を上回る巻数にのぼり、もちろん中身も出入が少なくない。このうち、まず列伝を宋祁が執筆し、別の部分に複数の文臣が携わった。そののち全体を完成まで持っていったのは、終盤で事業に加わった欧陽脩である。

欧陽脩の存在感

かれは唐宋八大家の一をしめる文豪、古文復興運動の旗手であり、副宰相にまで上った一大政治家でもあった。だから文学でも歴史でもおなじみの名前であり、しかも最も重要な事蹟は、修史のそれにほかならない。

『新唐書』においても、最終的に編纂を主導したのは欧陽脩である。『旧唐書』をぐっとスリム化して十巻とした本紀、および志・表の序文、および「選挙志《せんきょし》」「儀衛志《ぎえいし》」などの本文は、かれの手になるものだった。裏を返せば、手が入っていないのは列伝しかない。

かくて完成をみた『新唐書』は、やはり時代を画する著述ではある。それまでの正史は、文字どおりの「紀伝」体、本紀・列伝のみの構成が主流となり、例外的に志が加わるくらいだった。紀・表・志・伝のそろった著作の復活は、実に『漢書』以来のことである。しかもその志・表こそ、『新唐書』で最も出来映えがよいと評価が高かった。欧陽脩が最も力を入れた部分でもある。

欧陽脩

志は『旧唐書』にもあったものの、『新唐書』は「選挙志」「儀衛志」「兵志《へいし》」を新設、「天文志」「暦志」では三倍の増補を施し、「食貨志」でも「屯田《とんでん》」「和糴《わてき》」などの項目を増やしている。『旧唐書』も含め、ずっと欠落してきた表を掲載し、「宰相表」「方鎮表《ほうちんひょう》」「宗室世系表《そうしつせいけいひょう》」「宰相世系表」を立てた。以後の正史はこの例をあらためて踏襲し、紀・表・志・伝から成る「史漢」の体例に復帰しえたのである。

古文の復興をめざした欧陽脩らしい述作ともいってよい。もちろん全体構成だけにとどまらなかった。欧陽脩をはじめ、『新唐書』編纂に携わった文臣たちは、多かれ少なかれ前代に主流だった駢儷体を嫌い、それを用いた史料記録の文言も、古の文体に書き改めている。

われわれの目からすれば、史料記述の勝手な書き換え、改竄《かいざん》にほかならない。けれども、もちろん当時の感覚は異なる。現代と同じ規準で糾弾しても意味はない。ただ、われわれが読むさい目的に応じて注意を要するし、以前から論議の絶えなかった特徴でもある。

宋祁が手がけて欧陽脩が立ち入らなかった列伝も、この点で多かれ少なかれ違いはない。しかしやはり書き手が異なれば、文体も措辞《そじ》も異なる。結果として、列伝とほかの部分で、記事の矛盾、文体・体例の異同が生じざるをえなかった。そこも『新唐書』の瑕瑾《かきん》として、つとに指摘のある点である。

列伝を書き上げた宋祁は、欧陽脩よりおよそ十歳年長の名文家、後者にとっては、官歴でも文業でも先輩だった。まして編纂作業の当初から携わっていなかったとすれば、憚《はばか》らないわけにはいかない。列伝に手を加えようとしなかった心情も、納得はできる。こうした経緯から、『新唐書』を二人の著述とみなす慣行になった。

3　正史を越えて

『新五代史』

欧陽脩は『新唐書』の編纂で手腕を発揮、大きな存在感を示した。しかし本人は仕上がりに満足していたかどうか。大部な正史ともなれば、やはり「官修」「分纂」の手続きは免れない。必然的に忖度・掣肘《せいちゅう》をともなう。抱懐《ほうかい》する文筆の信条にもとづき、存分に書いてみたかったと思っても、おかしくはない。公的な事業だから、そこは諦観《ていかん》したのだろう。

もっとも欧陽脩は『新唐書』を手がける以前に、そうした著述をすでに実践していた。唐の後を継いだ「五代」時代に対する史書である。

手がける機会を得たのは、まだ三十になったばかり、一〇三六年（景祐《けいゆう》三年）のことだった。古文の復興・史学の造詣で志を同じくする尹洙《いんしゅ》という六歳年長の朋輩《ほうばい》と「十国志《じっこくし》」を著し、ゆくゆくは「五代史」の著述を完成させようと企画したのである。

ところが尹洙は、およそ十年後の一〇四七年（慶暦七年）に逝去、二人で期していた著作は、故人の墓誌銘を認《したた》めた欧陽脩が一人でしあげることになった。『五代史記』すなわち『新五代史』は、それからおよそ六年後、一〇五四年（皇祐《こうゆう》五年）に完成する。

つまり『新五代史』は、ほぼ純然たる「私撰」であり、まさしく「一家の作」だった。それだけに内容は個性才気が横溢《おういつ》しており、その点でいえば「史漢」に勝るとも劣らない。「史漢」以前への回帰をめざした著述だといったほうがむしろ正しく、欧陽脩本人も『史記』『春秋』を直接継承するねらいをはっきりと打ち出し、筆法も『春秋』に準じた。『春秋』の筆法とは、上述の司馬遷・『史記』の動機でも紹介した、孔子の態度にもとづく「行事」の叙述法であり、イデオロギーに即した正邪善悪の評価を措辞・表現にも含ませて説く方法をさす。『新五代史』もこれにもとづき、史実の叙述にも褒貶《ほうへん》を含む文体・措辞を基調とし、各篇に附すコメントは必ず「嗚呼《ああ》」という歎息の辞から書き起こし、感慨・評価を綴った。別名「嗚呼史」と称するゆえんである。たとえば、

嗚呼、禍福《かふく》・成敗の道理が、後晋王朝ほど明白にあらわれた例は、古来みたことがない。後晋は契丹によって興り、契丹によって滅ぼされたからである。……けだし本末転倒で夷狄《いてき》と協同するようなものは、必ず災禍《さいか》に遭うのであって、成功したためしはない。戒めなくてはならぬ。（『新五代史』巻二九、景延広伝）

おそらく高校世界史の教材にも出てくる、著名な史実に対する論評である。燕雲十六州《えんうんじゅうろくしゅう》の割譲で契丹の援助を受けて興起した後晋王朝は、十年の後、やはりその契丹に攻撃を受けて滅亡した。欧陽脩『新五代史』は中華と夷狄のあるべき尊卑関係・秩序理念を乱したゆえの必然とみなす。中華主義というイデオロギーを宣明するために、後晋の興亡という史実を

動員したのであった。

論評ばかりではない。創意工夫は随処にもりこんである。たとえば、その契丹など夷狄は当時、重要な役割を演じながらも、中華イデオロギーからすれば、埒外・逸脱の存在でしかなかったため、新たに「四夷附録」というカテゴリーを設けて、そこに押し込んだ。

さらに通例の列伝でも、「死節伝《しせつでん》」「一行伝《いちこうでん》」「義児伝《ぎじでん》」など、ユニークな題目がある。「死節」は読んで字のごとく節義に殉《じゅん》じた人々を、「一行」は『後漢書』独行伝にならって徳行の人士を特筆するもの、「義児伝」は「世道衰え人倫壊れた」時代、後唐王朝を事例に、血のつながりのない子弟を「義児」「仮子」、つまり養子にした風習を描いたもので、やはり儒教のイデオロギー・規範の順逆に応じた立項だった。

また『史記』以来とだえていた「世家」のセクションを復活させ、割拠した「十国」の興亡を論述した。『史記』のそれと字面は同じながら、意味合いが異なっており、むしろ『晋書』の「載記」に近い。いずれにせよ「五代」の時代性をよくあらわす構成になった。

『新五代史』はこのように、文にせよ論にせよ、欧陽脩の抱負を存分に展開したものである。そこに賛否こもごもあったのは、オリジナルな著述に免れない宿命なのかもしれない。

『旧五代史』

欧陽脩本人は生前、この『新五代史』こと「私撰」自著の『五代史記』を公にしようとしなかった。それが人々に知られるようになったのは、歿後一ヵ月たった熙寧《きねい》五年八月、西暦でいえば、およそ一〇七二年一〇月以降のことである。遺族が時の神宗《しんそう》皇帝に上呈したのであり、やがて朝廷の所蔵書として認定をうけ、正史の一つに数えるならいになった。

自著を秘していた理由はよくわからない。「官修」「分纂」の『新唐書』編纂に携わったことが関係した可能性もある。あるいはすでに正史たるべき『五代史』が、別に存在していた事実も見のがせない。オリジナルな自著は文体・内容も激しいし、体裁も正史にみまがう紀伝体・断代史だったから、僭越の譏《そし》りを恐れたとも考えられる。

しかしそんな『新五代史』が朝廷の公認をうけると、やがて一世を風靡《ふうび》した。もとの『五代史』のほうが衰微するのは、やはり時代のなせるわざなのだろう。そんな時代の流れをみるためにも、できた時期は逆ながら、いわゆる『旧五代史』にも一瞥《いちべつ》を加えておきたい。

宋の太祖《たいそ》・趙匡胤《ちょうきょういん》が「五代」最後の後周《こうしゅう》王朝の禅譲をうけて即位したのは、西暦九六〇年。『旧五代史』はその建国から、まだ十数年しかたっていない開宝《かいほう》六年、つまり九七三年に編纂がはじまった。「十国」のほとんどが帰服して、天下統一に目鼻がついてきたころである。それからおよそ一年半で完成した。

かかった時間の短さが、力の入れようを表しているといってよい。太祖としては、「五代」時代にできた『旧唐書』をひきつぎ、「五代」を継いだ宋王朝の正統を、なるべく早くアピールすべく企画したのであろう。

そればかりではない。『旧五代史』はあたかも唐の太宗がかつて「五代史」を編纂させた事業を髣髴《ほうふつ》させる。名称も同じ「五代史」だった。唐代のそれは「梁書」「陳書」「北斉書」「周書」「隋書」が構成したのに対し、宋代の「五代史」は別名「梁唐晋漢周書」ともいい、やはり「梁書」「唐書」「晋書」「漢書」「周書」から成る。まったく同じ枠組みで、各「書」いずれも中身は紀・伝のみ、「志」が別に独立して、五つの「書」全体を覆うのも、唐の「五代史志」に共通していた。けだしはるかに範と仰いでいたのだろう。

「官修」の『旧五代史』はもちろん「分纂」の書物でもあった。監修にあたった宰相の薛居正《せつきょせい》が、共著者の名だたる文臣を代表し、たとえば「薛史《せつし》」と呼び慣わしている。

「分纂」に携わった文臣の多くは、宋の建国以前を経験して、当時の事情に明るい。しかも当時は十国がすべて消滅していない時期でもあって、内情にもくわしかった。後には散逸してしまう資料もなお残存しており、入手も比較的容易だったにちがいない。

こうした時期と資料の近接で有利だった点、数十年前の『旧唐書』をも髣髴させる。そしてあまりに早くしあげたために、冗長かつ杜撰な部分が残ったネガティヴな側面もかわらない。つまりは資料の引き写しが多かった。現行本の巻数だけでいっても『五代史記』の倍以上ある。欧陽脩がことさら書き換え、スリム化したのも肯えるほど、蛇足の文・論が混入していた。吟味・整理がゆきとどかなかったことも、やはり否めない。

欧陽脩から司馬光へ

このように『旧五代史』は、むしろ唐代ないし『旧唐書』の延長線上にできた正史である。欧陽脩が書き換えの対象としたのも、いわばそのためであり、かれの『新唐書』『新五代史』のほうが普及したというのだから、新旧の転換は欧陽脩個人の嗜好のみならず、時代の要請でもあった。

唐宋変革の一面だともいえる。形式にとらわれず本質を重んじ、冗漫を排して簡潔につとめ、因襲を脱して独創を尊ぶ、という転回にほかならない。古文復興も、古代に仮託して現状を否定し、革新を導く意味である。合理化とみなすとわかりやすい。『唐書』『五代史』の新旧は、ちょうどその転換に際会したわけである。

それは当時できた正史に限らない。後漢の歴史でいえば、かつて「三史」として『史記』『漢書』と並び称された『東観漢記』に代わり、范曄の『後漢書』を「正史」とみなす趨勢が固まっている。前代の唐代にそろった南北朝史も、全体を通じダイジェストしてまとめた

『南史』『北史』のほうがよく読まれた。『東観漢記』および南北の八王朝それぞれの断代史は顧みられず、完本が伝わらなくなる。同じ運命はやはり後に『旧唐書』『旧五代史』にも見舞った。知的な潮流の変化が、それほどに大きかったのである。

欧陽脩が『新唐書』をしあげてからおよそ六年。すでに仁宗皇帝は崩じ、新帝の御代に入っている。その治平《ちへい》三年、文臣の司馬光《しばこう》に「歴代君臣の事蹟」をまとめるよう勅命がくだった。すなわち西暦一〇六六年のことである。その十九年後、著名な『資治通鑑《しじつがん》』が完成、上呈された。

その間に欧陽脩は逝去し、『新五代史』も公になっている。司馬光はむしろその直近の正史をも相手取って、「歴代君臣の事蹟」をまとめなおした。元来の目的は、皇帝が参照する備忘録を作るにあり、上述の君主権向上と関連した動向だったといえる。

司馬光

けれどもそれだけにとどまらなかった。編者の司馬光の見識によって、一大史書にしあがったのである。

先輩の欧陽脩はいわば正史の枠組みをつきつめて、新生面を開いた。紀伝体・断代史の趣旨、すなわち褒貶・是非の評価を「行事」によって記し、正義を明らかにするという元来の立場である。それを表現するために、『春秋』の筆法を採用し、もとの史料の改竄までも辞さなかった。

これに対し、後に続いた司馬光はむしろ逆を行く。『春秋』の精神の継承は『史記』・欧陽脩とかわらない。それを果たすに、正史の体裁ではなく『春秋』そのままの編年体を踏襲することにしたのである。そして『春秋』の筆法のような文字表現を用いるのではなく、『史記』以来の事実直書によって、自然に曲直がわかるように表現しようとした。事実の忠実な再現につとめたのも、そのためである。

『資治通鑑』の衝撃

こうした『資治通鑑』を生んだ時代精神については、内藤湖南の鉄案《てつあん》がある。達人の言はそのまま引くべきだろう。

史上の事実を単に、ある場合に故事来歴を知るために必要とするのみではなくして、歴史全体を治乱興亡の因果を知るべき、一のまとまった系統ある事柄と考え、その目的にかなった歴史上に一貫した因果の上からそれを記憶する必要あり……

系統的な因果関係の把握といううわれわれの歴史意識、いま少しいえば、近代歴史学の趣旨に近づいたわけである。司馬光は正確な史実の追究を通じて、その把握を試みた。

それには史料の博捜と適切な取捨選択が重要で、司馬光も意を用いたところである。秦以前も『史記』以外の材料を使っているし、三国六朝の時期は『資治通鑑』が採録した史料のほうが、正史よりも良質正確であって、たとえば『晉書』「載記」にない史実も少なくない。唐代以後も、当時の資料を収録する『旧唐書』、およびその他の著述・記録を渉猟《しょうりょう》して、なるべく当時の記述を忠実に書くにつとめた。

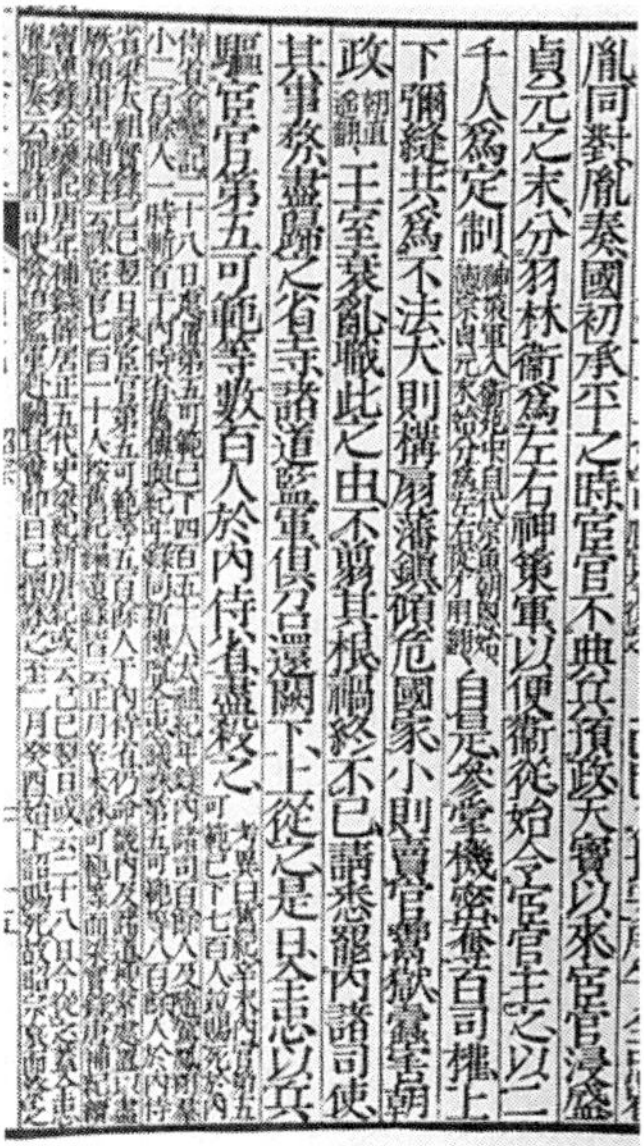
胤同對胤奏國初承平之時宦官不典兵預政天寶以來宦官浸盛
貞元之末分羽林衛爲左右神策軍以便衛從始令宦官主之以二
千人爲定制　自是參掌機密奪百司權上
下彌縫其爲不法大則構扇藩鎭傾危國家小則賣官鬻獄蠹害朝
政　王室衰亂職此之由不翦其根禍終不已請悉罷內諸司使
其事務盡歸之省寺諸道監軍俱召還闕下上從之是日全忠以兵
驅宦官第五可範等數百人於內侍省盡殺之

『資治通鑑』（和刻本）天復三年正月庚午の条。末尾の割注に『考異』を引く

そうした考証作業のいきさつと史料採否の方針・根拠をつづった書物、『資治通鑑考異《しじつがんこうい》』という副産物までできた。近代歴史学の実証にみまがう手続きだといえる。

史料の改竄など以《もっ》ての外《ほか》だった。欧陽脩の『新唐書』『新五代史』は、もちろん参照しながらも、およそ眼中に入れていない。

今日の歴史学の方法でも、ことに南北朝以後を研究するには、正史だけに依拠するのは論外である。むしろ『資治通鑑』のほうに、正確な資料を求めなくてはならない。

司馬光が委任を受けた編集の趣旨は、古今の事蹟をまとめて、皇帝の参考に供するにある。元来そうした役割は歴代の正史が担うべきながら、あまりに大部なので、とても読破できない。ダイジェスト版が必要だった。

司馬光はその任にあたって、正史の紀伝体・断代史にとらわれず、むしろそれ以前『春秋』の編年体に回帰することで、通史の体裁を復活させたのである。しかもその通史は、単なる年代記・年表ではない。事実の因果関係が照応する一貫した歴史をなしている。当時から評価は高く、これさえあれば正史は不必要である、とまで称せられた。正史の枠組みを崩すことで、正史を越えたともいえる。

紀事本末体・綱目体

そこから当然、歴史の読み方もかわってきた。編年体はわれわれの感覚では、年表・年譜・日誌などデータとして用いるならともかく、ある事件・事象を系統的に追跡しようとすると、とても不便で読みにくい。日付が同じなら、同じ箇所に異なる事柄が混在する。また一つの出来事が一時一日で終始完結することもありえない。飛び飛び何度も出てくるから、行きつ戻りつして読む必要がある。

『資治通鑑』はそんな編年体にもかかわらず、因果関係の一貫した読み物であり世に迎えられた。それだけに上のような不便は、誰しも痛感したのであろう。手を加えた続編が出来した。『通鑑紀事本末《つがんきじほんまつ》』という書物である。いわゆる紀事本末体の史書が、ここでようやく出現した。

『通鑑紀事本末』は編年体・時系列で出てくる『資治通鑑』の記事を、事件ごとに排列しなおしただけにすぎない。それでもとても便利で、以後このスタイルの史書が盛行するきっかけになった。

より便利に使おうとの合理精神が動機である。われわれの感覚に近い。本尊の『資治通鑑』も然り、正史は多すぎて長すぎて読みづらいから、一つにまとめた作品なのである。そしてやはり同じ精神を共有していたのが、日本人にもおなじみの同時代人、大儒《たいじゅ》の朱子《しゅし》にほかならない。

かれが大成した宋学・朱子学は、そんな合理化の権化というべき側面ももっていた。経書の「四書」がそうである。厖大な経典を有する儒教のエッセンスをマスターすべく、短くわかりやすいテキストを選定するコンセプトだった。

朱子は史学の『資治通鑑』にもこれを適用し、『資治通鑑綱目《しじつがんこうもく》』を作っている。『資治通鑑』の本文を大幅にスリム化、およそ五分の一・五十九巻とし、それぞれに見出し・レジュメの「綱」をつけ、「目」という注釈説明を補足した。これまた「綱目体《こうもくたい》」という新たなスタイルの嚆矢をなす。

大部で手強い『資治通鑑』を前に、とにかく歴代を通覧把握しようという機運・意欲のあらわれではある。歴史の読み方・書き方がぐっとわれわれに近づいてきた。『資治通鑑』の出現はそんなインパクトもあったのである。

「十七史」

それなら正史はどうなったのか。

不必要である、と称せられ、以前ほど読まれなくなったのは事実で、とりわけ各々を単体の作品、「断代史」として読む意欲は減退したようである。顧みられなくなった『旧唐書』『旧五代史』、および南北朝の八史に残欠が生じていったゆえんであり、宋代の合理精神の影響・結末ではあった。

それでも正史は、やはりあくまで正史ではある。宋代は印刷出版の時代でもあり、それまで目に触れる機会に乏しかった宮中所蔵の正史が板刻《はんこく》に付された。唐代以前の正史に刻本《こくほん》がそろったのみならず、宋王朝じしんもまた『唐書』『五代史』を編纂する。天子・朝廷のオーソライズする正史の存在は、やはり史学の根幹として、知識人エリートのたえず意識せざるをえない対象だった。

だからといって、みなが真摯《しんし》に読んだとは限らない。歴代の事蹟を綴った個別の断代史たる正史を、中身の細部に立ち入らないまま、むしろ『資治通鑑』流の通史通覧の枠組みで、一括総体的に把握する観念がひろがった。

こうして頻出しはじめた概念表現が「十七史《じゅうしちし》」というフレーズである。日本人には「二十四史」ともども、あまりなじみのない言い回しかもしれない。

「正史」といえば、『史記』『漢書』など各々単体の作品も指すし、複数ないし全部をも総称できる。それに対し「十七史」という数詞を交えた言い方は、「六朝」や「五代」などの表現と同じく、個別を意識しながらも、意味するのはあくまで全体である。もちろん後代にできあがる「二十四史」も然り。ようやく「二十四史」という名辞・概念を語れる段階になってきた。

たとえば一三世紀末・宋王朝の滅亡時、それに殉じた忠臣・文天祥《ぶんてんしょう》に「一部十七史、どこから説き起こそうか」という著名なセリフがある。「十七史」というタームの典型的な用例といってもよい。あわせて「正史」という表現が「二十四史」の概念を含有するにいたる転換を表象している。

ちなみに先立つ唐の時代には、「十七史」から『南史』『北史』『唐書』『五代史記』を除いた「十三史《じゅうさんし》」、またさらに『史記』『漢書』『三国志』を省いた「十史」という言い回しもあった。しかし当時も頻用した形跡はみえないし、以後も継続して使った名称でもないので、ここではとりあげない。

あるいは具体的な作品名でいえば、日本人も漢文のテキストや読み物として、よく知る『十八史略《じゅうはっしりゃく》』。これも宋の末期にできた初学者向きの啓蒙書である。書名は「十七史」の範囲に当代の宋王朝をくわえた、という意味で、やはり太古から現代までの簡便な通史だった。

まず読まれるのはこういう類型の著述である。これまた『資治通鑑』の登場があたえた影響だった。

第4章

「二十四史」の形成

1 「正統」と朱子学と正史

「正統」

宋代は史学・正史が革新した時代である。もっとも唐宋変革の革新といえば、もとより史書のような人文学的な方面ばかりではない。国際情勢も、そうである。

この時代、宋王朝の北に隣接した契丹という強大な遊牧国家があった。双方の君主とも漢語の「皇帝」号を称し、互いを「兄弟」と位置づけ、ほぼ対等な関係を認め合っている。

漢語儒教の世界秩序理念では、こうした事態はおよそありえない。皇帝は天子であるから、天から天命を受けて天下を統治する。天は一つしかないから、天命も一つ、それが下って天子になれるのも一人だけ、というのが、「正しい」世界秩序のありようだった。したがって現実に「皇帝」が複数いても、それは現実のほうが誤っているのであり、「正統」な皇帝以外を、僭称したニセモノだとみなす。それが儒教の教義であり、「正史」の筆法ではあった。

そのために五世紀の北魏を「正統」とみなす『魏書』は、同じ時期に併存して皇帝を称した南朝を、中華の天子と認めず、長江ぞいの「島夷」と貶《おとし》める。逆もまた然り。南朝の皇帝を正統と見なせば、北朝の「皇帝」はニセ者であって、異形の「索虜」となる。そうした

「正統」の観念こそ、「正史」を構成する根幹ではあった。

しかし現実には「正統」を主張した異なる立場は、往々にして時を同じくして併存する。南北朝しかり、そして一一世紀の北宋・契丹の場合も同じだった。のちには南宋・金が続く。当時に互いの存在を否定したか、関係を認め合ったかだけの違いにすぎない。いずれにしても、それぞれ記録は残すので、けっきょく各々に史書がそなわった。

そうした王朝・史書がいかに「正統」を獲得するか、「正史」になってゆくかは、じつに後継した王朝のありよう・態度・方針によって決まる。南北をあわせた唐が、それまでの史書を「正史」に位置づけなおしたことで、『魏書』も『宋書』も、『南史』も『北史』も存在することができて、南北朝という枠組みを決定した。そしてその唐を三百年の「正統」王朝とし、その後継を「五代十国」という時代範疇《はんちゅう》にしたのは、欧陽脩をはじめとする北宋の「正統」観である。

そうしたみかたで描いた「正史」の記事が、それぞれ客観的な史実として正しいとはもちろん限らない。近年の研究でいっそう再考がすすんでいる。

朱子学の立場

「正統」論の問題は、さらにさかのぼらなくてはならない。複数の皇帝・天子が同時に立ったのは、後漢滅亡後であった。その歴史を「三国」というのは、三人の皇帝・天子が併存していたからであり、かつまたその後を継いで統一した西晋王朝が存在し、その時代に『三国志』ができたからこそ、成り立った枠組みではある。

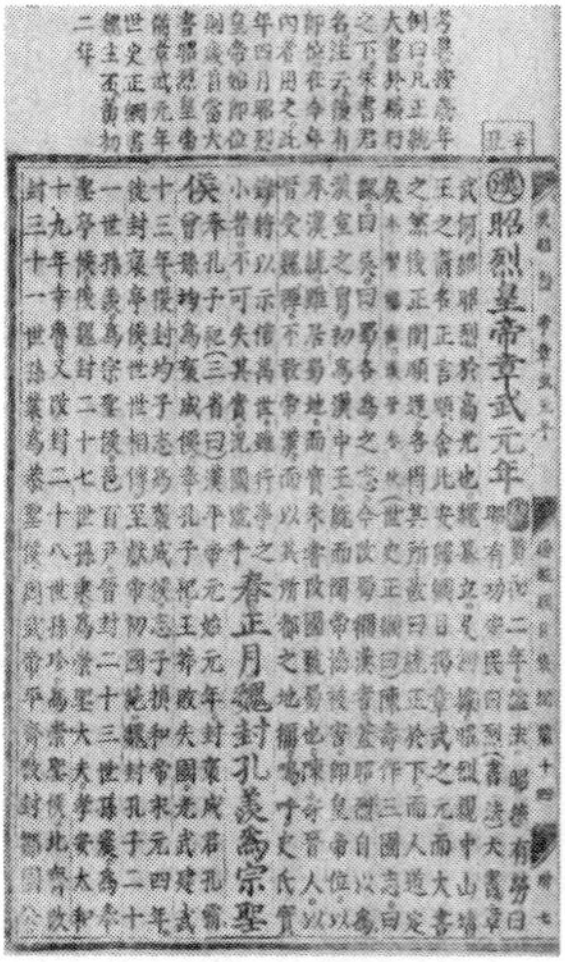

『資治通鑑綱目』 魏の黄初二年(221年)を蜀の「章武元年」と改めて紀年を記す

西晋は三国魏の後を承けた政権だったために、魏の王朝・皇帝が後漢を継いだ「正統」とした。ところがこの「漢→魏→晋」という「正統」観は一定していない。後代の史観がくりかえし問いなおしたからである。

発端は『三国志』を著した蜀出身の陳寿が、魏を「正統」としながら、むしろ地元の蜀漢を重んじる書き方をしたことにあった。以後も漢王朝をうけついだ「正統」を蜀・劉備だとみなす所説は、一再ならず出てくる。そのうち決定的な影響力をもったのは、朱子の『資治通鑑綱目』だった。

すでにみたとおり、『資治通鑑綱目』は『資治通鑑』の記事を読みやすいようにした簡明なテキストである。儒教・朱子学の教科書として、知識人にせめてこれだけはマスターせよ、との合理的な配慮を施していた。その立場でいえば、歴史事実はあくまでドグマの事例集、教義を説明してこそ、史実の存在価値がある。不要な事実はいらない。

したがって、原本の『資治通鑑』に手を入れて憚らなかった。『資治通鑑』は編年体なので、年代を追って経過どおりに事実を述べ、紀年を記している。すると、漢王朝を承けたのは、自ずと魏王朝のような書き方になってしまうし、また編者の司馬光も、系図的に劉備が漢室の一族かどうか怪しい以上、積極的に蜀を「正統」にする気はなかった。朱子はそうした態度と記述にあきたらず、ことさら『資治通鑑』の紀年を書き改め、蜀を「正統」と定めたのである。

もとより以上は、およそ史実の経過や信憑《しんぴょう》性を閑却《かんきゃく》した観念論にほかならない。朱子学は「道」・道統を重んじた。抽象的なイデオロギーのそれを具体的な史実経過にあてはめると、「三国」の場合は、漢王朝という「正統」な政権をいかに正しく継受したかを重視することになる。その結果としての蜀「正統」論だった。現実の勢力や経過は、必ずしも問題ではない。

これをいっそう抽象的、かつ空間的な世界秩序に置き換えれば、「華夷《かい》の辨《べん》」の強調となってくる。「正統」な文明・教義・政治の担い手として貴ぶべき「中華」と、そこから逸脱し埒外にいて賤しむべき「外夷」・夷狄との辨別《べんべつ》であって、武力の強弱・実力の有無は、やはり規準にならない。大義名分を有する王朝・政権でなくては、「中華」の「正統」とはなりえなかった。朱子学の史観はこうしたドグマにやかましく、現実をむしろ軽んじる。以後の漢人世界で、それが次第に普及していった。

時代の転換

そんな朱子学を大成した朱子が亡くなったのは、西暦でちょうど一二〇〇年。一二世紀もおわる当時は、契丹と北宋を亡ぼした金王朝と、江南で再興した南宋とが、南北に対峙していた。武力で劣勢に置かれた南宋が、自らの存在と優越を主張するには、大義名分にもとづく「正統」と「華夷の辨」をイデオロギー的な根拠とするほかはない。朱子とその門弟はもちろん南宋の人だから、朱子学の形成・流布がこうした情勢と無関係なはずはなかった。

そして、それからまもなくモンゴル高原で、チンギス・カンが崛起《くっき》、即位した。モンゴル帝国の建国である。朱子学の普及とモンゴルの拡大。時代は大きな転換にさしかかっていた。

モンゴル帝国はおよそ半世紀のうちに、ユーラシアの大部分を席巻し、東アジアで併存していた列国は、ほとんどその軍門に降った。最後に残った南宋も、一三世紀の末には滅亡し、モンゴル政権に編入されている。

南宋を攻略併呑したのは、チンギスの孫のクビライである。かれは中原・江南の漢人世界・農耕地帯を帝国に組み込むべく、長い時間をかけて経略をすすめた。

いまの北京の前身となる大都《だいと》を建設して、本拠の一つにしたのも、その一環である。この地は長城ぞい、遊牧と農耕の境界地帯で、農耕側の北限にあたっていた。南方からは大運河の北端に位置し、北辺経営の拠点である。

たとえば、唐の節度使《せつどし》・安禄山《あんろくざん》の本拠だった。かれは唐の出先として北方に睨《にら》みをきかせながら、最後にはこの地で挙兵、北から南に進撃し、いわゆる安史《あんし》の乱を起こしたのである。北方からみれば、南方経略の基地ともなり、さらに北から出自した契丹も、都の一つをここに置いたし、その契丹を滅ぼした金は、首都に定めた。クビライの建都は、そうした伝統をいっそう大規模に承け継いだ形である。その政権は契丹・金の後継者という一面を有していた。

そして即位した一二六〇年、クビライが早くも前代王朝の正史編纂にとりかかったのも、そんな一面をかいまみせたものである。遊牧国家の出自でありながら、中華の歴代王朝の伝統に則《のっと》ったのだ。契丹・金と同じく、やはり漢人世界の統治をみすえてのことだろう。

三史編纂の企画

クビライが当時、編纂をすすめた正史とは、モンゴル政権に先立つ契丹・金を対象とするものだった。江南の南宋政権は当時まだ存続していたし、モンゴル帝国はすでに数十年前から、南宋よりも優位に立っていた金を亡ぼして、中原の漢人をあわせ統治している。かれらに対するアピールとしても、まず契丹・金を重視したのは当然ではあった。

クビライは一二六七年から大都の造営に着手、そのおよそ十年後に南宋を亡ぼして、名実ともに中華王朝を一括して相続する。つとに企画のあった前代王朝の正史編纂も、本格的にすすめることになった。最終的に契丹・金に宋をくわえた三史、『遼史』『金史』『宋史』を生み出した事業である。

表②（五七ページ参照）にもあるとおり、現存する『遼史』『金史』『宋史』がすべて完成をみたのは、順帝トゴン・テムルの至正《しせい》五年、つまり西暦一三四五年。クビライ時代の企画時から数えて、八十年以上後のことであった。ずいぶん時間が空いており、しかも作品のできばえは、内藤湖南にいわせれば、「極めて粗雑なものである」。なぜそうした顚末になったのであろうか。

この疑問については、かねて定説的な解答があった。モンゴル支配者層は漢文化に関心が薄かったため、正史編纂も重視していなかった、したがって遅延を重ねたうえに、不出来な作品しかできなかったという説である。

しかし近年は、むしろ正反対の事象が明らかになってきた。モンゴル政権は支配地在来の伝統を尊重して、文化振興にも力を入れていたからである。漢人の住地でも史学の分野でも、それは例外ではない。

クビライの時代に政府機関が通史の『資治通鑑』を出版しているし、後代には『史記』『漢書』『後漢書』『三国志』『晋書』『南史』『北史』『隋書』『唐書』『五代史記』の十史も、同じく政府から刊行をみた。この「正史」出版は『資治通鑑』に対応して、五代時期までを一括してたどる目的である。

モンゴル時代もそうした点、前代までの風尚を受け継いだといってもよい。南北朝の七史と『旧唐書』『旧五代史』が、このラインナップにないのも同断である。

しかも正史を合刻《ごうこく》、一括セットで刊行したのは、史上初の試みだった。あるいは政権の制度を整備するため、前代の典章・故事を蒐集、参照していた形跡があって、その所産だったともいえる。ともあれモンゴル政権が前代の歴史に無関心であったわけではないし、それが正史編纂の完成遅延の理由だったとも考えにくい。

2　三史とモンゴル政権

三史の比重

そこでいま一つ、事業の遅延を理由づける所説があって、上述にふれた「正統」の問題である。正史という以上、「正統」の王朝を定めなくてはならず、その問題がこじれた結果、議論が紛糾《ふんきゅう》したからだという。

これは確かに事実として存在したプロセスではあり、また久しく人口に膾炙《かいしゃ》してきた解釈でもあった。こちらがむしろ定説の位置を占めるかもしれない。

ややくわしく説明してみよう。宋王朝を契丹・金と等し並みに遇そうとしたモンゴル政権の修史方針に対し、漢人知識人は難色を示しつづけた。そのため契丹・金・宋それぞれの王朝政権に「正統」を認めて、正史を立てることを主張する立場と、漢人王朝の宋のみに「中華」「正統」を帰して、契丹・金は「夷狄」として遇すべきだとする立場に分かれて、対立が生じる。その論争がなかなか収まらず、正史の編纂方針も定まらず、作業が進捗《しんちょく》しなかった。

およそ以上のような理解である。しかもこのように想定する経過をさらに、いわゆる「民族問題」とむすびつける向きさえあって、いわく、この論争・対立は「漢族」と「非漢族」の矛盾の一端にほかならない、と。外から入って「中華」の世界を支配した征服者のモンゴル政権および「非漢族」官僚と、「中華」の伝統を受け継ぐ「漢族」官僚の間に生じた摩擦だと見なすのである。

しかし近年の研究によれば、こうした所説にも、やはり誇張が免れない。仔細《しさい》に経過をみていくと、モンゴル政権の姿勢は、契丹・金・宋それぞれに正史を立てる方針で一貫していたからである。

宋にのみ「正統」を認めた正史を編纂する議論・意見は、確かに存在しなかったわけではない。またその意見に反駁《はんばく》する必要が出ていたことも事実である。しかし政策として「正統」を宋のみに帰する選択肢は、当初より政権の念頭になかったといって過言ではない。方針・比重は当初から揺らいでいなかったのである。

経過と内容

ではなぜ、そんな誇張の所説が出現し、定着したのであろうか。ひとつは上に述べたような朱子学の普及がある。『資治通鑑綱目』は朱子の歿後にまとめられ、その作品と思想は南宋末・一三世紀半ばごろから影響力をもちはじめていた。そして広汎《こうはん》に普及するのは、モンゴル政権治下である。

モンゴル政権は一三一三年まで、官僚登用試験の科挙を停止していた。再開すると、受験にむけた教育制度は、朱子学にのっとることになる。たとえばそのカリキュラムをみると、儒教の経典を学んだあと、読むべき史書の第一にあがっているのは『資治通鑑』であった。そして見のがせないのは、さらにあわせて『資治通鑑綱目』を参照するよう、ことさら指定があったことである。

『資治通鑑』はすでに述べたとおり、モンゴル政権でも重んぜられていた。政府の出版事業もカリキュラムと歩調を合わせていただろう。しかし『資治通鑑』は三百巻近くの大部で、なおかつ編年体だから、通読にはいかにも不便だった。『資治通鑑』の内容を簡便に見わたせる書物の需要が高まり、モンゴル人高級官僚子弟の教材にも、モンゴル語訳の『資治通鑑』ダイジェスト本を用いたという。

『資治通鑑』通読の難は、モンゴル人に限らない。漢語を使う漢人でも、事情は同じである。なればこそ朱子も『資治通鑑』をダイジェストした『資治通鑑綱目』を作った。『資治通鑑綱目』は「綱目《レジュメ》」を使って、史実の大要を簡便に把握できるテキストである。教育課程に組み込まれたことでいよいよ広まった。テキスト化をすすめた朱子のねらいは、はるか後世で図に当たったといえる。

かくてモンゴル時代に教育を受けた知識人は、「正統」を重視し「華夷の辨」を徹底する『資治通鑑綱目』を学んで、朱子学の立場を歴史理解の基準とした。かねて朱子学になじみの深かった江南人に、その傾向が顕著である。

モンゴル帝国は多元的で多様なユーラシア世界を「混一」し統治した。その時代の東アジア漢語圏で、モンゴルはじめ「外夷」を貶め賤しむ朱子学が本格的に定着したとすれば、歴史の皮肉というほかない。

こうして朱子学教育が普及したのみならず、時代が下るにつれ、次第に江南人が政界に進出し、文教行政にも携わるようになっていた。そうしたなか浮かび上がってきたのは、宋のみが「正統」王朝であり、「正史」は「宋史」のみを編纂し、契丹・金の歴史は「宋史」の一部とすべきだとする意見である。

声はたしかに高まった。しかしそれが有力、有効だったかどうかは、自ずから別の問題であって、モンゴル政権が顧慮《こりょ》した形跡はみえない。一三四三年に詔が下って、本格的にはじまったのは、やはり三史『遼史』『金史』『宋史』の編纂である。このときも反対する意見が出たものの、通ることはなかった。この三史はクビライ政権の企画から百年たっていたものの、事業に着手すると二年間ですべて完成したのである。

モンゴル政権は「中華」王朝の文脈でいえば、金・宋の南北分立を併呑した統一王朝だった。だとすれば、魏・呉・蜀を併せた西晋が、陳寿の『三国志』を認定し、魏をあまり突出させずに「三国」の枠組みを定めたのと同じ立場であり、南北朝を統合した唐が、南北そろった「五代史」を作ろうとしたのとも同じ立場である。それならモンゴル政権が「正史」的な文脈で、「三史」の枠組みにするのも当然だった。

したがって上のような「正統」問題が、遅延に棹さしたとはいえても、それを主因とみなす従前の定説は、およそ信を置けない。それなら一四世紀の半ばまで正史編纂がずれこんだ主因は、何だったのか。

この問題はまだ学術研究のレベルでも、実は明らかになっていない。傍証になりうる条件をひとまず挙げてゆこう。

一四世紀に入って以後、大都のモンゴル政権は、安定しなかった。クビライ以降、君主は五代、代を重ねるにつれ、中央の政局は混迷し政変をくりかえしている。史書の文脈でも、政権が短命におわって、せっかく着手した事業が頓挫のやむなきにいたったこともあった。けっきょく一三四三年、順帝の治政時にようやく編纂が実現したのは、そうした政情不安が落ち着いたことにあるのかもしれない。

順帝トゴン・テムルの在位は三十年以上、英主クビライを上回って、モンゴル帝国最長を記録する。幼少で即位し、当初まったくの傀儡《かいらい》にすぎなかったものの、一三四〇年にクーデタで権力を奪取した。

正史編纂はその三年後に始まっており、だとすれば、親政を実現した新たな政権を寿《ことほ》ぎ正当化すべく、あえて着手、推進した文化事業の一環だったと推定できる。『遼史』『金史』『宋史』いずれにも編者として名前のあがる脱脱《トクト》は、当時の宰相であり、順帝とともにクーデタを起こした首謀者でもあった。

正史の編纂にあたっては、政権が安定に向かっていたとはいえ、政争がやんだわけでもない。作業は急ぐ必要があったのだろう。それまでの遅延・蓄積を考慮に入れても、神速《しんそく》の完成ではあった。それだけに作品のできばえには、疑問符がつく。そこは内藤湖南のいうとおりだった。

特　徴

そもそも編纂の作業に入れなかったのは、政情の不穏・政変の継起という外在要因もさることながら、史書の編集それ自体の内的事情もある。材料となるべき当時の記録資料が著しく欠乏していた。書こうにも書けない状態がつづいたのである。

契丹・金・宋の歴史を編むといっても、それぞれの軽重、力の入れようは均等ではない。モンゴル政権が重視したのは、やはり自らの前身にあたる契丹、および建国と関係の深い金の歴史であった。そこでまず史料の不足を補おうと尽力していた形跡がある。

金については、クビライ在位当時、一部の欠落はあったものの、すでに当時の文書記録を編集した「実録」がほぼそろっていたし、また信頼できる著述・文献も入手できた。比較的早い段階で、現行の『金史』の記述がまとまっていたらしい。それだけに「極めて粗雑な」三史のなかでも、『金史』は上出来だとの評判である。

かたや契丹は、史料の欠乏が深刻だった。現行の『遼史』の材料となった「実録」や文献は、事業企画の当初はみあたらず、その後に手を尽くして集めたものが多い。ほかにも他国の文献を渉猟して関連記述を蒐集するなど、政権の並々ならぬ関心と努力はうかがうことはできる。

後世からみて、無用の重複が目立つなど、欠点は少なくない。それでも契丹の歴史は、やはり政権が最も重視し、また前身の同じ遊牧国家を対象にしただけあって、少ない材料なりに、編集で随処に工夫を凝らしている。

たとえば、部族連合体の国家運営がかいまみえる「営衛志《えいえいし》」「兵衛志《へいえいし》」や「部族表」、あるいは契丹皇帝の源流をさぐる「世表」、季節移動を示す「遊幸表《ゆうこうひょう》」、契丹語を漢語で解説した「国語解」などが代表的だろうか。それまでの正史・紀伝体にはない独自のセクションではあった。こうした点からも『遼史』の長短は、表裏あわせ理解する必要があろう。

これと好対照だったのが『宋史』である。『遼史』『金史』に継いで、まもなく完成したこの正史は、「二十四史」のうち最も浩瀚で、巻数だけでいっても五百巻ちかく、先行する二史を合わせたよりも、はるかに多い。カバーする期間はともに三百年あまりで、大差ないにもかかわらず、分量がそうなったところから、互いの用いた史料の多寡《たか》がみてとれる。

南宋旧領の江南はほとんど無傷でモンゴル政権の版図に入ったため、関連する厖大な文献史料もほぼそっくり残り、金や契丹のような史料不足の懸念はなかった。政権は重きを置いていた『遼史』『金史』の史料蒐集と執筆編集を優先したから、『宋史』編纂の作業はいわば後回しとなり、また着手してからも十分な手をかけたかどうかは疑わしい。

『宋史』自体に限っていえば、どうやら材料が過多なのを持て余して、しかるべき史料の取捨選択ができなかったようである。文書をツギハギしたり、無用の重複になった箇所も散見するから、内藤湖南も「蕪雑《ぶざつ》な歴史の標本」という評言を紹介せねばならなかった。

作品としての完成度は、いかにしても低いといわざるをえない。もっともそれだけに、当時の原文書の文面に手が入っていないところも少なくなく、後世からみると粗雑難解ながらも、史料的な価値を無視できないのである。

3 『元史』

元から明へ

三史を編纂して新政権の治政を記念したモンゴル政府は、しかし前途多難だった。中央の政情はそれなりに安定しても、版図の全土をみわたせば、必ずしもそうではなかった。東アジアに限っても、まもなく江南では内乱が発生して、一四世紀半ば以降、深刻さを増してゆく。人口が多く生産力も高い江南は、すでに帝国のドル箱であった。そこを失うと、財政経済が成り立たないシステムになっていたから、深刻な事態ではある。

やがて南京を本拠にした朱元璋《しゅげんしょう》が江南を制覇し、一三六八年、明朝を建国した。長江流域ばかりではない。明朝はまもなく北伐《ほくばつ》を敢行した。不意をつかれたモンゴル政権は、大都を放棄し、草原地帯・モンゴル高原に撤退する。明朝は黄河流域・長城以南の漢人世界・農耕地域をまとめて統治するようになった。

しかしそれでもモンゴル勢力はなお強大で、両者の対峙は以後もずっと続いてゆく。成立したての明朝としては、本拠の江南と併せた黄河流域との一体化をはかって、体制の構築をすすめつつ、物心ともに自らの存在意義を主張しなくてはならない。政治経済・軍事外交など、物理的な実力の確立はもちろん、人心を収攬《しゅうらん》して精神面でも結束をはかってゆく必要がある。

そこで動員したのが、「華夷の辨」にうるさい朱子学だった。異俗のモンゴルを「夷」と貶めれば、漢人王朝の自らが優位に立てるからである。明朝に特有だった中華主義のイデオロギー、具体的には異俗廃止の社会政策、朝貢一元の対外政策、農本主義の経済政策などは、すべてそこにもとづいていた。実際上もおよそモンゴル政権の体制・政策に逆行する。

もっとも、何もかも逆行だったわけではない。明朝がごく円滑に朱子学を体制教学に定めることができたのは、すでにモンゴル政権下で普及定着していたからである。朱子学の継受がモンゴル時代から明代への連続面を代表するといってよい。正史にまつわる従前の誤解も、また新しい正史の出現も、けだしそこに起因していた。

朱子学・「正統」・江南

誤解とは「三史」編纂遅延の経緯である。上述したとおり、『遼史』『金史』『宋史』が企画から八十年もの間、完成しなかった。というのも、いずれの王朝に「正統」を認めるべきか、意見の対立で政権の方針が動揺したからだとする所説がずっと信じられてきたからである。

これは一四世紀半ば、「三史」編纂の決定に反対した楊維楨《よういてい》の「正統辨」という文章に起因する。楊維楨は浙江省《せっこう》紹興《しょうこう》出身、一四世紀前半、科挙に合格した文人であり、このとき朱子学・『資治通鑑綱目』に顕著な「華夷の辨」にもとづいて、契丹と金は「正統」ではなく、編むべき「正史」は『宋史』のみにすべきだと訴えた。

この上書を当時のモンゴル政権は、ほぼ一顧《いっこ》だにしていない。けれども楊維楨とこの文章は、朱子学の流布していた江南で、却下された後に名声を博した。

やがて明朝の政権が、同じ地で成立する。したがって同じ思潮のなか、朱子学的な「華夷の辨」と「正統」を尊重して、「中華」復興の主たることを自任した。

このように立場も異なるわけではなかったから、楊維楨の「正統」論に着眼したのは、むしろ明朝政権の関係者なのである。「百年後、公論はこれに定まる」などと楊維楨の墓誌銘に書き込んだのは、浙江出身・明初の儒臣にして重臣の宋濂《そうれん》であった。宋濂は次の正史『元史』の編纂に総裁として携わっている。

このような顕彰を通じて、楊維楨の意見書があたかも当時から正しく有力で、モンゴル政権の誤謬《ごびゅう》に抵抗していたかのような風説がひろまった。誤解がかえって定説化し、およそ現在にまで伝わっている。

楊維楨の「正統」論は同時代モンゴル政権の「正史」編纂に対し、さしたる意味をもたなかった。しかし後世の朱子学・「正統」観念にまつわる「正史」・史学に有した意義は、やはり看過できない。

このように政治的な体制の意向・事業と社会的な史観の流布・表現には、一定の乖離《かいり》がうかがえる。両者は必ずしも一致していなかった。そうした点も「正史」の帰趨に影響を与えている。

「手廻しの早い」

その明朝は成立早々、次の新しい「正史」の『元史』を編纂した。事業「の手廻しの早いことは驚くべきである」。内藤湖南の評言であり、異論はあるまい。明の太祖・朱元璋が即位したのは一三六八年、その翌年にはもう「元史を作る詔勅を出しているのである」。しかも担当の部局を置いて、わずか半年後にひとまず完成しているのだから、ほんとうに「手廻し」がよい。前代モンゴル政権の「三史」完成から数えても、まだ四半世紀ほどである。

当時『元史』の編纂が、朱元璋政権にとっては、それだけ喫緊《きっきん》の必要事だった、と解するほかないものの、そのあたりの動機・事情は、明確な史料記事がみあたらず、よくわからない。しかしそれは『元史』を論じるには、およそ欠かせないことがらであり、あえて近年の研究によって推定できるところを述べてみよう。

『元史』の編纂はいささか異例の経過をたどった。何より「手廻しの早いこと」は述べたとおり、実地の作業も半年しかかかっていない。ところが、そのうち上にも登場した順帝の時代は、「史料不足で完成できなかった」ので翌年に編纂しなおし、やはり半年足らずで仕上げた。

編纂を急いでいた姿勢と、二度にわたる作業とは、およそ矛盾する。「史料不足」だという弁明《べんめい》を額面どおり受け取るならともかく、反証を考慮に入れて疑いをさしはさむなら、いったん完成した順帝関係の論述は、内容が不可だったので、リライトせざるを得なかったという経過を想定できる。

現行の『元史』順帝本紀は、モンゴル政権と朱元璋軍団との相剋の局面をほとんど描かない。ほかの反乱勢力との戦闘、および政権内の内訌《ないこう》が主たる内容である。それが書きなおした結果なのであれば、元来は史実どおり両者の激戦と朱元璋側の戦勝が記してあったとおぼしく、そうした内容が不都合だと判断したとみられなくもない。

それでは、なぜ都合が悪かったのか。さらに推論を重ねなくてはならない。なるべく無理・齟齬のない解釈を試みよう。

中原の支配をめぐって

あまりに速い、といえば『元史』編纂もさることながら、政治史上の事件で、それに先立つ北伐の成就がそうだった。江南を平定し、南京で即位したばかりの朱元璋が北伐を敢行したのは、もちろんそうすべき自他の要請があったからだとはいえ、十分な成算があっての挙だったかどうか、かなり疑問である。それが僥倖《ぎょうこう》にも、わずか数ヵ月、瞬《また》く間に成功して、大都まで奪取できたのは、いささか予想外だったにちがいない。しかもモンゴル政権は潰滅《かいめつ》したわけではなく、草原地帯に退去したのみ、なおも存続していた。

ともかく明朝はモンゴルの退いた後、黄河流域の中原を維持しつつ、長城を挟んで遊牧国家と対峙を続けなくてはならない。こうした政治的要請が明朝の体制すべてを決したともいえよう。

後続政権の存在意義を明らかにするには、前政権との差違をきわだたせればよい。理の当然ながら、現実は必ずしもそのとおりには運ばなかった。

目前の事態としては、モンゴル政権の統治は破綻している。だから明朝も、前代とは逆の統制的閉鎖的な政策を採用した。必要があったからである。そんな違いを明確にするなら、加えて朱子学的な「華夷の辨」イデオロギーを大々的に標榜し、モンゴルを徹底的に貶めればよかった。そのほうが言動整合しただろう。

ところが『元史』の記述も含め、朱元璋政権の、とりわけ当初の物言いに「華夷の辨」イデオロギーがさほど濃厚ではなかった局面は、実に少なくない。これまでの研究も、そこを疑問としてきた。

その解はけだし中原統治に関わる。朱子学が風靡《ふうび》していた長江流域のみで完結してしまう江南の地方政権、いわゆる「南人《なんじん》政権」にとどまるならまだしも、北方・中国全土を視野に入れると、この時期は到底それだけではすまない。南北一律に通用する施策と理念が必要である。

たとえば商業流通に背を向け、対外的な交通を朝貢に一元化する政策は、経済的に貧弱だった中原・華北には適合していた。けれどもこれを文教・宣伝の政策として、直截に朱子学で裏づけるわけにはいかない。モンゴル政権はつい先日まで中原に君臨しており、江南よりもはるかに長期の統治で、色濃くその影響が及んでいたからである。

明朝がその後を承けて、円滑に中原を支配するには、モンゴルに対する非難は、なるべく控えたほうがよかった。自らの存在意義を示すには、「正しい」施策をめざす「正しい」政権交代だったことを統治下の住民にうったえねばならない。それには、モンゴル政権に取って代わった明朝の成立を「正統」として表現する必要がある。

朱元璋はやがて「南人」の功臣たちをその類縁もろとも虐殺、粛清をくりかえした。さらに南京から中原への遷都を計画する。いずれも明朝が江南本位の「南人政権」を否定脱却して、「正統」にみあった南北一体化をめざす経略だったにちがいない。

位置

以上の「正統」追求の政策姿勢を史学・史書の文脈に置き換えると、後継王朝が前代に対する断代史の「正史」を作るにひとしい。明朝が成立してまもなく、モンゴル政権に対する「正史」編纂がはじまったのは、そのためであろう。

実地の行政政策ではなく、思想理念的な課題だったから、かえっていわば急務だった。朱元璋は自らの体制存立に、まだまだ自信を持てなかったのであり、「驚くべき」「手廻しの早」さが物語るのは、北方に隣接するモンゴル勢力の存在が、とりわけ明朝の中原統治にとって、どれほどの脅威だったか、である。

事実、「正史」の編纂作業がはじまってからも、各地で戦闘は続いていた。モンゴル軍が南下攻撃するなど、明朝は依然として、中原・北辺を完全に掌握しきったわけではない。そこでとりわけ潜在的なモンゴル支持勢力を刺戟し反抗させないような政権の「正統」な授受の歴史を書かねばならなかった。

朱元璋がくりかえし詔勅のなかで言及してきたように、モンゴル政権が中国を支配するにいたったのは、「有徳」のたまもの、「天命」のなせるわざだった。「君臣は朴厚《ぼくこう》にして、政事は簡略」など、何度となくクビライの統治を称賛する発言も残る。ところが子孫は懈怠荒《けたいこう》淫《いん》にして、庶民の艱難《かんなん》を救おうとしなかったため、「天が厭《いと》うて之《これ》を棄て」ようとしている。「天命」の帰趨こそ、モンゴルに取って代わる朱元璋政権の正当化であり、「正統」の根拠だった。かように強調せねばならぬところに、目前の中原情勢に対する朱元璋の危機感・不安があらわれているともいえよう。

そこで『元史』の順帝本紀は、一貫してモンゴル政権の統治能力の低下、内乱と内訌の叙述に重点を置いた。明軍が各地を奪取していったというより、既存政権の支配から離脱した空隙《くうげき》を、明側が埋めてゆくような筆致をとっている。そして掉尾に「大明皇帝は帝が納得して天命に順《したが》い、退避して去ったので、特に「順帝」という称号を加えた」と記してしめくくった。

モンゴル政権は「天命」を承けて中国・中原を支配し、その「天命」が去って明朝・朱元璋に帰した、というストーリーでありメッセージである。順帝はあくまで「天命」に「順《したが》」って、中国・中原から退去した。それなら中原の人々は、やはり「天命」に「順」って、前代のモンゴル政権同様、明朝の支配も甘受《かんじゅ》しなくてはならない。

「天命」は元来モンゴルの側にあった。それが移って朱元璋に下ったのなら、明朝の政権も朱子学的な「華夷の辨」だけで、モンゴルが本質的に異俗だと非難否定するわけにはいかないし、両者の対立・矛盾ばかりを前面に推し出すこともできない。現行『元史』の筆法に落ちついたゆえんであろう。

影　響

以上のように、「手廻しの早い」『元史』編纂を動機づけた事情・必要があったことは、想定理解できる。それにしても『元史』は、恒久的に「正史」として、後世に残るべき作品ではある。朱元璋の元来の企図・当時の効用はどうあれ、実際の本造りの作業としては、どうにも拙速かつ不手際に失した。

本紀四十七巻・志五十三巻・表六巻・列伝九十七巻という浩瀚な書物をつくるのに、費やした時間は合計三百三十一日、十一ヵ月にも満たない。しかもその作業は前後二回にわたって、担当者がそれぞれ別であり、内容の取捨添削も天子たる朱元璋の意向・指示がすべて、という次第だった。つまり政治的な要請にもとづく短時日・多人数での分担、いわば「官修」「分纂」の典型であって、「正史」の編纂手続きで最も悪しき側面を如実に示す。

列伝では同じ人物の重複・順序排列の齟齬、あるいは表記の不統一、あるいは文章の不整合など、短時日で二度にわたった作業の疎漏が露見しているところも少なくない。またわれわれの関心をそそる遊牧部族の成り立ちや系譜も、調査がおよそ不十分である。明朝創業・

朱元璋政権の都合でできた書物なので、モンゴルの体制や遊牧国家に対する洞察・論述など、期待するほうがムダ、ないものねだりなのかもしれない。

逆に倉卒《そうそつ》だったからこそ、材料がもとのまま残り、結果的に文献史料の保存につながって後世の研究に役立ったこともある。地理や天文、あるいは刑法にかかわる部分で、そうした研究が進展してきた。またモンゴルの天子の詔勅は、あまり書き換えずに口語のまま記した箇所もあって、興味深い素材を提供する。

ともかく内藤湖南のいうとおり、『元史』は「歴代の正史中で最も蕪雑であ」った。作らせた朱元璋本人すら後年、誤謬の訂正をさせようとしたくらいでもある。

一九世紀最末期から二〇世紀はじめ、中国通史の論述を試みた日本人学者が、『元史』が杜撰に失し、漢籍だけではこの時期の歴史はどうにも書けないと痛感したところから、モンゴル語の第一級史料『元朝秘史』に対する本格的な研究を手がけて、多言語史料のアプローチがはじまった。これが東洋史学の草創にほかならない。その学者の名は那珂通世《なかみちよ》、内藤湖南の先輩にあたる。

かたや中国でも『元史』の「蕪雑」は、つとに周知であって、とりわけ一七世紀以降、関連する種々の研究が続出した。二〇世紀に入って柯劭忞《かしょうびん》という学者が、そうした成果を承けて『新元史』を著すと、中華民国政府が「正史＝二十四史」の列に加えたため、『新元史』をふくめ「二十五史」とする数え方もある。
すべては『元史』の「蕪雑」に起因していた。日本独自の東洋史学の発展も、その予期せぬたまものだったとみるべきかもしれない。

4 『明史』

時代相

「元明の時代は、正史の編纂では堕落時代といってよい」と評したのは、やはり内藤湖南である。その「時代」の「正史」は、上でみてきたように『遼史』『金史』『宋史』『元史』の四史、「二十四史」全体の六分の一をしめながら、実に数十年のうちに、集中的にできあがった。

だから、いずれもほぼ同「時代」といってよい。「堕落」というなら、その期間に限ってのことだろう。

当時は世界史上、「一四世紀の危機」という逆境の時期にあたっていた。気候変動による疫病《えきびょう》や動乱が頻発したから、政治的にも作業的にも「正史の編纂」は難しかったにもかかわらず、事業を断行したのである。その意味では「堕落」は、不可避の結末だったのかもしれないし、そんな時期だからこそ、かえって政権の存在意義を立証するため「正史の編纂」が必要だったのかもしれない。

したがって「危機」が過ぎれば、正史もいらないのだろうか。明朝の命脈は曲がりなりにも前後三百年、その間もちろん、正史の編纂はなかった。だからといって、明朝治下で史学の営為がなかったわけではない。

それどころか明代の史学・史書は、大きな特色がある。それもまた時代の産物といえるかもしれない。

中国史上の明代とは、西暦では一五・一六世紀、西に目を向ければルネサンスから大航海時代であり、世界史上の大転換にあたる。もちろん中国大陸も無縁ではない。そうした動向と連動し変貌をとげてゆく。

一言でいえば、産業の発展と経済の成長だった。アメリカ大陸と一体の経済圏を形成したヨーロッパと開発のすすむ日本列島という新たな市場を相手に、中国大陸の貿易が増大し経済規模は拡大、それにともなって民間社会の力量も高まってくる。

その証左となる人文的な事象は、たとえば陽明学の流行であろうか。それまでの朱子学では、書物・経典を読めるインテリ・エリートしか学べなかった。ところが、一五世紀に王陽明《おうようめい》が創始した陽明学は異なる。「知行合一《ちこうごういつ》」をとなえ、さらに「日用に聖人の道がある」とまで解して、文字を識《し》らず労働に従事する一般庶民も、講学・セミナー形式で儒教を学べるようにした。需要があったからである。応じて学ぶ内容も、もちろん平易通俗でなくてはならない。

文字が読めなくても学術のニーズがあるのだから、読める人々・識字層の需要はいっそう高かった。それを示すのが出版業の成長である。明代は中国史上、空前の出版ブームの時代でもあった。ブームの発生とは、それだけの購買層・マーケットがあった事実を意味する。それならお目当ては何なのか。

通俗化・実用化

おそらく科挙に応ずるための、いわば受験勉強である。当時は「挙業《きょぎょう》」といった。お勉強には教科書・参考書がつきものである。著名な例がほかならぬ朱子の学派だった。歴史に関するテキストとして『資治通鑑綱目』がある。

この書物は上で説明したとおり、二百九十四巻の『資治通鑑』が大部にすぎるので、そのエッセンスを抜萃《ばっすい》したばかりか、お目当ての記事・所説がすぐ取り出せるように、見出し・インデックスを作るなど、工夫を凝らしたテキスト・ブックだった。

しかし明代の「読書」人には、この『資治通鑑綱目』でもやはり長すぎたらしい。また大

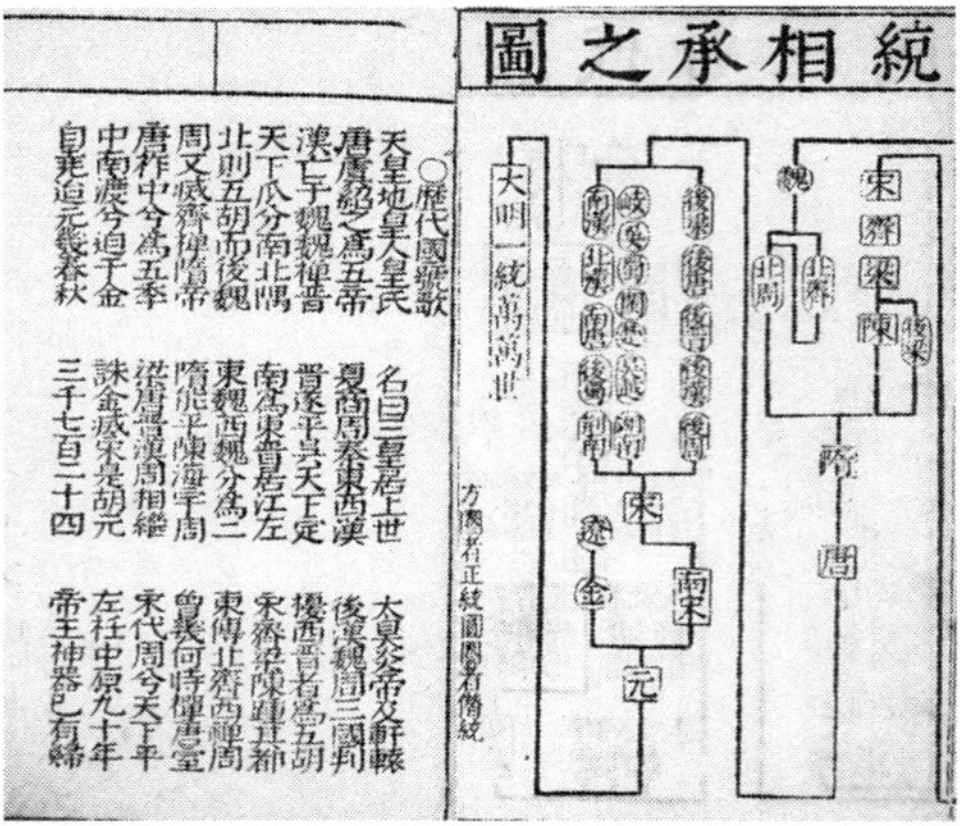

『歴史綱鑑補』『資治通鑑』『資治通鑑綱目』の代表的な要約本．右は王朝の系譜．四角囲みを「正統」，丸囲みを「僭偽」とする．左は歴代王朝おぼえ歌．ともに元の本にはない

義名分を説いた折り目正しい哲学書であり、朱子学の教科書でもある。受験勉強には向かない。いっそうダイジェストした版本の「節本」が続出、『綱鑑』と称した。道理・道徳を身につけるためではなく、純粋に受験参考書として流布した。要は通俗化し実用化したということである。

先述した『十八史略』も、こうした風潮から大いに流布した書物であった。『綱鑑』をいっそう縮約、リライトした初学者・幼童向けの読み物である。こういう本はまさしく初学の外国人には入りやすい。日本に舶来され盛んに読まれたのも当然だった。

筆者も漢文の教科書で出てきたのを記憶している。そのため日本で『十八史略』を一流の歴史書とはきちがえる向きも少なくなかった。

明代の史学関連書は、このように民間の市場向け・ニーズに応じた、アクセスしやすい、別の言い方をすれば安直な書物が多い。そんな歴史書をいっそう通俗化し、一般受けのよいアレンジを加えていけば、口語体の歴史小説にもなるだろう。だから『水滸伝《すいこでん》』や『三国志演義』ができたのも、この時代だった。

「正史」に関わって重要なのは、もちろん後者である。その『三国志演義』、もはやことさら紹介するにも及ぶまい。第1章ですでにとりあげた『三国志』の「裴注」を縦横無尽に活用した講談を小説化した作品で、最もよく読まれた。日本でも「三国志」といえば、通例この『三国志演義』を指す。陳寿の「正史」など、ほとんど知られていない。

目的はどうあれ、歴史に対する世上の関心が高かった時代なのだろう。誰でもアクセスできる歴史にするには、大河ドラマよろしく娯楽化するに如《し》くはない。「正史の編纂」に限らないのであれば、内藤湖南のいわゆる「堕落」は、こうした通俗化の事象を指したものかもしれない。しかし実在の関心に答えたのであるなら、それは実用化といいかえることもできる。

実用から実証へ

もっとも実用化であれば、娯楽ばかりではなく、生活の実情に関わる側面もある。著名な

『本草綱目』『天工開物』『農政全書』などは、その書名からもわかるとおり、日用に応じて役立つ実用書であった。そうした著述・出版の営為も盛んで、当時の漢語でいかめしくいえば「致用《ちよう》」となる。

史学に関わっては、初学入門書・「挙業」参考書以外では、とりわけ「掌故《しょうこ》」の書物が多かった。字義どおりには有職故実《ゆうそくこじつ》の意味ながら、ひろく時事評論・現代史といいかえて、さしつかえない。

「掌故」の書物はもちろん以前からあった。宋代のそれはおよそ字義どおり、朝廷の故事・儀礼などを自らの見聞そのまま書いた著述を意味する。いっそう盛んになった明代の「掌故」は、それに対し、紀伝体・編年体の史書に近いスタイルであり、いっそう現代史の体裁を採りながら、風聞風説を積極的に取りこんでいて、記事内容は真偽を問わないことが多かった。

たとえば、明朝第二代の建文帝は典型だろうか。かれは一五世紀はじめ「靖難《せいなん》の変」で叔父の永楽帝に打倒され、帝位を奪われた皇帝で、南京の宮廷焼失のあと、遺骸《いがい》はみあたらず行方不明であった。

当時の代表的な「掌故」の書物は、その建文帝が後に雲南に現われ、あらためて宮廷にもどり、僧となり養われて亡くなったと記している。もちろん真偽不明ながら明の朝廷に伝わっていた風聞で、当時の風潮をよく示す事例ではあった。

娯楽に徹すればともかく、「致用」・実用であるなら、真偽ないまぜよりは確実な事実が読めるほうがよい。そのためか、それまで風聞本位だった「掌故」の記事は、次第にいわば「実録」本位の記述に変化する。明代の「実録」はしばしば抄写《しょうしゃ》した副本が、官庁に備えつけてあった。「掌故」の著述でもこうした資料を用い、なるべく正確な記録にもとづいて叙述する方法が確立してくる。一六世紀後半から一七世紀初頭にかけてのことであった。

いわば通俗・実用が実証に転じてきたのである。そして明朝の存続する間は、そんな史学の著述とは、「掌故」つまり現代史が中心だった。しかし一七世紀半ば以降、明朝が滅亡すれば、局面は変わってくる。それまでの「掌故」＝現代史は、過去の歴史＝明朝史と化した。新たな王朝政権では、前代の明朝の「正史」をあらためて編む必要も生じるわけである。やがてこうした「正史」の必要と実証の機運との結合は、『明史』と「二十四史」の誕生に帰結していった。

清朝の君臨と正史の編纂

一七世紀前半に起こった内乱の末に、北京の明朝は亡んだ。しかし滅ぼした反乱勢力は、新たな王朝政権を北京で建てることはできず、まもなく長城の外から乗りこんできた清朝に敗れ去った。

清朝は遼東で満洲人の建てた政権である。一七世紀初頭以来、ずっと長城を挟んで、明朝と対立対峙してきた。ところが一六四四年、明朝が自滅したため、その旧臣の手引をうけて北京に入り、後継王朝に収まる。期せずして漢語世界の「中華」に君臨することになった。

そうである以上、中華王朝・漢語世界のしきたりにしたがわねばならない。圧倒的に巨大な漢人社会を少数派の清朝が統治するのだから、従前の慣例・慣習・制度をなるべく引き継いで生かすのが、摩擦・軋轢の少ない方法である。北京の清朝政府は漢人に対しては、明代の旧制をほとんどそのまま継承せざるをえなかった。もちろん必要な是正をくわえてのことである。

史学・「正史」の場合でも、およそ同じ経過だったといってよい。明朝がモンゴル政権を駆逐してまもなく、『元史』の編纂をくわだてたように、清朝も北京に入るとまもなく、『明史』の編纂を計画した。後継政権としての正当性を担保するため、伝統を継承する文化的な慣例のみならず、「正統」をアピールする政治的な要請にもしたがった企画だったのであろう。

しかしどうやら追随は、そこまでだった。明朝では太祖・朱元璋がかなり強引に、計画どおり『元史』の編纂を続けたのに対し、三百年後の清朝の場合、目前の騒乱平定に手こずって、いっそう多事多端《たじたたん》だったのか、『明史』の編纂事業は、さしあたり沙汰止《さたや》みになったばかりか、なかなか再開をみていない。

実際の事業着手は康熙《こうき》十八年だから、北京に入って三十五年を経た西暦一六七九年。南方で清朝に背いて帝位に即いた強大な反乱勢力の呉三桂《ごさんけい》の死去した翌年のことだった。騒乱の収束を見こんで、あらためてアピールを企画したのかもしれない。

とはいえ、その事業もすぐ進んだわけではなかった。当初よりどんな編集方針を採るかで、当代著名な学者が議論し、周到な準備を重ねている。『明史稿《みんしこう》』という草稿本も作った。そのうえで完成をみたのは、着手からおよそ六十年後の一七三九年（乾隆《けんりゅう》四年）である。「歴代の正史の中で、元史が最も短い期間にできあがったのに対し、これ（明史）は最も長くかかって作られた」とは内藤湖南の表現で、まったくそのとおりではあった。

それほど時間をかけてもよく、また実際にかかったのは、清朝の統治がそれだけ安定していたことにくわえ、やはり編纂の方針が大きく影響を及ぼしたからである。三百年を経て変化した、時代の風潮というべきものだった。

できばえ

その編集方針とは、前代からの反撥《はんぱつ》であり継続でもある。そもそも学術でいえば、清代は考証学の時代だった。考証学とは従前の思辨《しべん》的、ないし空理空論に失した宋学・明学の批判・否定を標榜《ひょうぼう》して成立、普及したもので、宋学を代表するのが朱子学、明学を代表するのが陽明学である。考証学はそれに対し、文献の蒐集対照を通じた立証で、根拠の乏しい理論や所説を斥《しりぞ》け、オリジナルなテキストとその解釈を復原してゆく方法だった。『明史』編纂計画の当初、こうした考証学はまだ完成・流行・隆盛にいたっていない。けれどもその機運はすでに顕在化して久しく、編集方針の議論からもみてとれる。

その第一は、前代から普及してきた史書『資治通鑑綱目』の筆法にはよらない、という方針だった。これは編年体・綱目体を却《しりぞ》けて、かつての紀伝体に回帰すると同時に、「正統」や褒貶賞罰の議論を主としない、というにひとしい。宋学・明学批判の所産であって、『元史』までの編纂事業を束縛してきた朱子学的な価値基準と、明代に流行した『十八史略』や『綱鑑』のスタイルから脱却し、時代の実事を人物に即して叙述する、いわば歴史学らしい史学の成立といえよう。

それと表裏一体の姿勢として、すでに前代・一六世紀後半、「掌故」の述作でも顕著になっていたとおり、巷間《こうかん》の風聞を排斥し「実録」本位の記述を採用することにした。たとえば建文帝の生存風説も、あえて取ろうとはしていない。なるべく確実な官庁の文書記録に依拠する方針となった。そのためには、記録史料の蒐集に手を尽くす必要が生じる。多大な時日を費やさざるをえなかった。

公式な史料によったことが『明史』の特徴である。ともすれば、あたりまえに思えるこうした特徴は、じつに新たな機運のたまものだった。考証学は実証主義という点で、西洋由来の近代歴史学に近似する。『明史』はその方向で手間暇かけた作品だった。現代の歴史学者の立場からして、最も違和感が少ないのも当然である。

編集は周到、体裁も整っていた。史料不足で簡略疎漏の目立った『遼史』『金史』、あるいは拙速な作業で杜撰・冗長のきわだった『宋史』『元史』など、先行する正史の上に出るのは明白である。つとに同時代からの定評ではあって、けだし揺るがない。

「本紀」二十四・「列伝」二百二十・「表」十三・「志」七十五からなる『明史』三百三十二巻は、三百年のタイムスパンを要領よくまとめ、論述は公平で、内容も信頼が置ける。着実につとめた成果だった。半面、文章には綾《あや》も味も乏しく、ごく素っ気ない。叙述のおもしろさに欠けるのは、史料のありようにもよるのだろうし、政府官僚の履歴が主体となる紀伝体正史の限界というべきだろう。

時に一八世紀も半ば、これで「二十四史」のそれぞれが、ともあれ出そろった。もっとも全体として「二十四史」となるには、さらにいくつかの契機が必要だったし、まもなく新たな動きもはじまる。

第5章

「二十四史」の運命

1 成立

「四庫全書」の時代

『明史』は完成からまもなく、同じ一七三九年のうちに刊行をみた。朝廷による出版で、その刊本を通例「殿版《でんはん》」という。この乾隆四年殿版が最もオリジナルに近い形で流布した『明史』にほかならない。いま普通にわれわれも目にする各種『明史』の版本も、これに依拠している。

以上は斯界《しかい》では、およそ常識的な知識で、とりたてていうまでもないことかもしれない。しかしあらためて、ことさら述べるのは、そうではないヴァージョンも存在したからであり、ほかならぬ「二十四史」の成立とも浅からぬ関わりがあるからである。それをとりまく時代的な背景からみておかなくてはなるまい。

一八世紀半ばから後半にわたる清代・乾隆年間は、漢人社会にあっては、泰平にして好況、未曽有《みぞう》の「盛世《せいせい》」だった。その余沢《よたく》で文化事業も大いに振興した時代であり、なかんづく著名なのは、四庫全書《しこぜんしょ》の編纂事業であろう。漢語のありとあらゆる書物を網羅蒐集し、諸本の対校《たいこう》と校訂《こうてい》を経てまとめた一大叢書《そうしょ》にしたてあげる、という壮大な試みであった。

一七七〇年代から本格的な蒐書がはじまる。ついで校訂・編纂の作業に入って、およそ十年の歳月と厖大な費用をかけ、一七八二年（乾隆四十七年）に四庫全書が完成した。そのために集めた図書は、一万二千種あまりにのぼり、日本・朝鮮・ベトナムの漢籍も含む。その蒐集書籍に対し、およそ四百人の担当官を任命、文士四千人近くを筆写に動員して、最終的に三千五百種足らず・七万九千巻あまり・三万六千冊以上の叢書にまとめた。

しかもその副産物として、『四庫全書総目提要《ていよう》』二百巻の解題目録なども、あわせて作っている。『四庫提要』と通称するこの書物は、古典漢籍の大づかみな内容がわかるので、後世に裨益《ひえき》するところ大きい。

「四庫」とはすでに言及した「四部」のことであって、だから史学ももちろん、その根幹をなしている。だとすれば、その史学の根幹をなす正史も、やはり重要な地位をしめるはずだった。紆余曲折を経てきた数々の「正史」も、あらためて検討と改訂の機会を得たのも当然である。

『明史』にとどまることではなかった。これを契機に「正史」すべてが最も整ったヴァージョンとなって揃ったといえる。しかしそこには相応のいきさつがあったから、やはり若干の説明を補わねばならない。

「十七史」から「二十一史」へ

あらためて正史の伝来・出版をまとめておこう。宋代に「十七史」という概念がすでにできていたことは、第3章で述べた。『史記』『漢書』『後漢書』『三国志』『晋書』『宋書』『南斉書』『梁書』『陳書』『魏書』『北斉書』『周書』『南史』『北史』『隋書』『唐書』『五代史』の「十七」である。

もっともその数字は、必ずしも実体をともなっていない。『資治通鑑』の出現と存在によって、通史でみる史観ができあがったため、数ある正史をまとめて呼ぶようになっただけのことである。それぞれの書物が完備していた事実を意味するわけではない。

効率を重んじた宋代は、それぞれの内容が重複する南北朝で好んだのは、簡略な『南史』『北史』である。そのため『梁書』『陳書』『魏書』『北斉書』『周書』の南北朝五史は、読まれず伝わらず、当時から完本は稀少だった。また新旧重複した唐と五代については、欧陽脩の『新唐書』『五代史記』を選好したから、『旧唐書』と『旧五代史』がやはり残欠になったばかりか、数に計上すらしていない。

明代はその「十七史」に『遼史』『金史』『宋史』『元史』が加わって、「二十一史」となる。こちらもさしあたり数の上だけ、『遼史』と『金史』は、中華主義の時代だったためか、なお刊刻がなく、従前から残欠散逸した各書の状態も、そのままだった。

そこで一六世紀前半・嘉靖《かせい》年間、南京の国子監《こくしかん》で「二十一史」の校訂刊行事業が始まる。国子監とは首都の国立大学にあたる機関で、科挙など文教行政の必要から、この事業に及んだのか、確かな動機はわからない。あるいは「掌故」の著述で、確実な記録にもとづく風尚がおこってきたのと関係した可能性もある。ともかく需要がなくては、事業の動機も起こらない。ニーズがあったのは確かである。そこはおさえておきたい。

ともあれ各地からなるべく良質の版木とテキストをとりよせ、国子監旧蔵の「十七史」の版木を修復校訂し、未刊の『遼史』『金史』にも翻刻をほどこした。一五三二年（嘉靖十一年）にひととおり完成し、のち一六世紀後半以降には、北京の国子監でも再刊事業を実施、その版本は南京のものより精巧だったという。以上を「監本二十一史」と通称し、「十七史」ないし「二十一史」は、ようやく実体のともなうものとなってきた。

しかし明朝が滅亡する一七世紀半ばに至っても、その校訂はまだまだゆきとどいていない。明朝の遺臣にして稀代の考証学者・顧炎武《こえんぶ》が、目にして不備・疎漏の数々をあげつらい罵倒《ばとう》している。顧炎武の学統につらなる考証学者は、したがってその弊《へい》を矯《た》めなくてはならなかった。

「二十一史」から「欽定二十四史」へ

後継した清朝の漢人統治も軌道に乗ってきた一七世紀末、康熙帝は北京の国子監「所蔵」の「監本二十一史」は、やはり散漫疎漏、残欠が多いので、適宜「修補」を命じている。すでに始まっていた『明史』の編纂と並行する局面ではあった。

四庫全書の編纂に帰結したような、考証学の興隆によるオリジナルな古典に対する探究は、このように史学・正史の文脈でも、すすんでいたといえる。そして四庫全書に収めるに先だって、正史も改訂事業が始まっていた。乾隆のはじめの一七三八年、不完全な「監本二十一史」の版木を武英殿《ぶえいでん》に回収し、八年以上の歳月をかけて校訂をくわえ、一七四七年(乾隆十二年)に殿版の「二十一史」として再刊が完成した。

すでに完成刊行をみていた『明史』をくわえて「二十二史」。これで王朝歴代の正史がひととおりそろったことになる。いな、それだけにとどまらない。

かつて『資治通鑑』を物した司馬光はつとに、持論自説を説くに傾く欧陽脩の『唐書』を参照しなかったし、また『五代史記』ばかりではあきたらなかった。『旧唐書』『旧五代史』に対する依拠が少なくなかったのは、確実な史実の記録を求めてのことである。

宋代の司馬光にして、そうであるなら、明末以来の考証学は、いよいよそうでなくてはならない。『資治通鑑』のようなダイジェスト版より、オリジナルな正史を尊重すべき立場でもある。それなら散逸した『旧唐書』『旧五代史』も、なるべくオリジナルな姿にもどして復刊を試みるのは、当然のなりゆきだった。

『旧唐書』復刻のとりくみは、実は明代から始まっていた。しかし十分な成果が上がらず、流布もしていない。そこであらためて「二十一史」再刊と並行する形で、朝廷がテキストをとりよせて、武英殿で復刻することにしたのである。できあがると、新旧あわせて「正史」に含めるよう、乾隆帝が直々に勅諭《ちょくゆ》を発した。

いっそう周到な手順を践《ふ》んだのが、続く『旧五代史』である。『旧唐書』の復刻があるなら、という動機から、こちらは「四庫全書」編纂の事業推進のかたわら、プロジェクト・チームを編成し、引用する書籍を徴《ちょう》して、散逸した部分を回復し、一七七五年（乾隆四十年）に完成、上呈した。

乾隆帝はこちらも勅命を下し、「薛居正《せつきょせい》の『五代史』は、数百年もの間、散逸していたけれども、近年ようやく編集ができあがった。欧陽脩の『五代史記』と比べて、叙事・筆法に勝るのはどちらだろうか」と述べている。唐書・五代史の新旧は、互いが相補う位置づけで、あらためて「正史」と認定を受けた。

このように「四庫全書」の完成と前後して、実体のそなわった「二十四史」も、「欽定《きんてい》」として成立する。そして以後その「二十四史」こそ、まちがいない「正史」とも認められるにいたり、二十四史＝正史という概念も、ここでようやく固まった。

光と翳

ひろく「四庫全書」にせよ、せまく「二十四史」にせよ、そうした典籍の編纂プロジェクトは、まさしく乾隆の「盛世」を彩る一大文化事業であった。しかし物事には、表があれば裏もあり、光が射《さ》せば翳《かげ》もできる。

歴代中国政治のきわだった特徴は、思想統制・言論弾圧である。現代も例にもれない。史上に代表的なそれを「文字《もんじ》の獄」という。日本語ならさしづめ筆禍《ひっか》事件にあたり、とりわけ清朝政権の下で継起した。圧倒的多数の漢人に少数の満洲人が君臨する統治形態であったからである。

清朝・満洲人を直截に誹謗《ひぼう》・侮蔑《ぶべつ》する言説の取締はもちろん、それを生み出す漢人知識人の根強い攘夷《じょうい》思想全般にも、警戒を怠《おこた》ることはできなかった。政権は表現・出版に厳しい統制を設け、違反には極刑をもって臨んだ。厳重苛酷だったのは、清朝にそれだけ自信がなかったことを示している。

もとより史書も例外ではない。清朝最初の文字の獄が、まさにそうだった。一六六〇年代のはじめに起こった、明代の歴史書に対する一大疑獄事件である。

荘廷鑨《そうていろう》なる者が売名の動機で、他人の著作を「明書」と名づけて自著とし、やがて出版に至った。明末の崇禎《すうてい》年間・清朝の北京君臨以前を細かに書きこんでおり、また一貫して明朝の元号を尊重して使用するなど、清朝の「正統」をみとめない内容でもある。政権の禁忌にふれる叙述は少なくなかった。

摘発をうけるや、すでに物故していた著者は、屍《しかばね》を引きずり出され、あらためて死刑に処せられる。家族はいわずもがな、序文を書いた者、校正した者、印刷所・販売店・購読者、合わせて七十名あまりも処刑、連坐《れんざ》で遠方に流刑《るけい》になった者はいっそう多数で数百人にのぼった。

もちろんこの一件だけにとどまらない。「文字の獄」は一八世紀の雍正《ようせい》・乾隆年間にも、くりかえしおこった。漢人知識人はふるえあがって萎縮《いしゅく》し、清朝を敵視する思想・言説も、ほどなく鳴りをひそめる。

そこで流行するのが、考証学だった。漢人知識人の多くが打ち込んだのは、古典の厳密な校訂作業である。厖大な資料の蒐集と対照検証に、とても手間暇がかかる学問だった。理論・ドグマないし時事・現状を考えなくてよく、一定の業績をあげ、なおかつ保身をはかることができたからである。

清朝の朝廷で『明史』の編纂を企てた時期と隔たらない。そのため学者は恐れて責任を避け、本気で執筆にとりくもうとしなかったので、編纂に時日を費やしたのだ、とみなす所説もある。

改竄と確定

疑獄事件にとどまらず、「四庫全書」の編纂事業もそうだった。網羅的に調査収集したありとあらゆる漢籍のなかから、攘夷思想を含み、清朝の統治を阻碍《そがい》する有害な図書を捜査検閲摘発し、発禁に処したからである。いわば「文字の獄」の一環、ヴァリエーションといってよい。学者に存分な仕事の場を与えると同時に、思想言論に統制を加える、アメ・ムチを兼ね備えた事業であった。

それなら「欽定」の「二十四史」の再刊も、やはり例外ではない。「四庫全書」の事業とおよそ時を同じくして進んだからである。

さすがにこちらは発禁ではなかった。非漢人の出自たる清朝の立場から、史書にみえる非漢人、とりわけ遊牧民らの人名や地名・官名など、いわゆる「訳語」の「舛謬《あやまり》」を「もとの音」に「改正」する、と理由をつけて手を加えている。

たとえば中央アジアの中心都市の一つ、サマルカンドは「撒馬兒罕」から「賽馬爾堪」に、「訳語」を改めた。もっと著名な君主名の事例でいえば、モンゴル帝国のクビライ・フレグ・アリクブケの三兄弟。一三世紀半ばに、帝国の覇権を競った三人である。クビライは蒙古襲来で日本人にもおなじみで、漢字表記の「忽必烈」も目にすることが少なくない。このときそれを改めて「呼必賚」とし、フレグは「旭烈」を「轄魯」、アリクブケは「阿里不哥」を「阿里克布克」と記した。

現行の表記は前者にもどっており、またフレグは「旭烈兀」と書くのが普通だろう。一事が万事、乾隆後半期の再刊改版は、およそ誹謗にみえる文字を書き改めたにひとしいからであった。

「訳語」を修改すれば、当然ほかの部分にも影響がおよぶ。当時はそこにも改変を辞さなかった。上のようなモンゴル政権の『元史』はもとより、先立つ『遼史』『金史』『宋史』もそうである。また数十年前にできた『明史』も、その例に漏れない。

こうした措置を経た「二十四史」をあらためて「欽定」書として、武英殿から出版した。時に一八世紀も終わるころである。

このテキストは「文字の獄」に関連していえば、無用の疑獄事件など起こらぬようにすべき「基準」を定めた、いわば決定版だった。「欽定」である以上、そうした「基準」の範囲なら、誰がどこを引用しても問題ないからである。

しかし「訳語」などの改竄は、ナンセンスだとは誰しも感じており、ほかにも誤謬は少なくなかったから、「欽定」の殿版一色になったわけでない。別の版本も根強く残って、のちには「欽定」版のほうが、むしろ排除された。

そうはいっても、従前から「欽定」・王朝政権の認定は、「正史」とするに欠かせなかった手続きである。その「欽定」の「正史」は、このときにまとまった再刊を経て、「二十四史」と確定した。この定義・観念が今に至るまで続いている。

2 拡大

位置づけ

ひとまず出そろった「二十四史」は以後、大いに普及した。科挙受験に備える必要もあったから、知識人エリートともなれば、「二十四史」すべてを暗記するのはあたりまえの素養である。「二十四史」＝「正史」＝「欽定」の概念も、そうした動向にともなって定式化、定着していった。

素養以上の学術でいえば、清代は考証学。やはり経学が優越するものの、史学の分野も研究は劣らず盛んである。何より基礎文献が第一、経学が「十三経」なら、史学は「二十四史」であり、まずその読書、習得である。

考証学は実証主義だから、宋代以降に流行したようなダイジェスト版の史書は、オリジナルなテキストを損なう著述だとみなし、露骨に軽んじている。史学だけではない。実証のともなわない宋学そのものを軽蔑した。

朱子学は明朝につづき清朝政権でも、科挙出題の基準ともなる体制教学でありつづけている。知識人エリートであれば、誰しもひととおりは教義を身につけていた。朱子学の史学テキストたる『資治通鑑綱目』に対しても、したがって直截な誹謗非難は少ない。その「正統」論などは、当時も支持を集めていた。

しかし読み手・書き手たちの本音は、どうだったか。『資治通鑑』がすでに「十七史」のダイジェストであり、そのまたダイジェストの『資治通鑑綱目』に対して、考証学者の食指がそもそも動かなかったのも当然だろう。

王道は直接に「二十四史」にあたるべきであって、さもなくば本尊の『資治通鑑』もあったし、当時ほかにもその類書は、乾隆帝の認定をへて少なからず出ていた。ことさら『資治通鑑綱目』をとりあげることもなかったといえよう。

『資治通鑑綱目』でさえ、そうであった。それなら当然、派生物の『綱鑑』『十八史略』など、いっそう節略したダイジェスト本の評判がよかろうはずはない。

この種の史書は、かつて一世を風靡するほど普及、流行した。ところがこのときにまったく初心者向けの俗書にすぎない、という評価が定まり、現在に至っている。われわれも初学のとき、まず叩きこまれた「常識」にほかならない。

『十八史略』などに対するこうした蔑視的な位置づけは、じつに一八世紀、考証学全盛のなかで「二十四史」という枠組み、およびその尊重すべき地位が確立したことと表裏一体の現象だった。「二十四史」の称呼・概念と合わせ、そんな古くにまで遡れることではない。

研　究

「二十四史」をひととおり通覧し基礎を把握したら、次にとりくむのは研究である。大家は「二十四史」全体を精読して対比分析、その長短・特徴を論じた。いまもわれわれが「正史」読解の頼りにする銭大昕《せんたいきん》『廿二史考異《にじゅうにしこうい》』や趙翼《ちょうよく》『廿二史劄記《にじゅうにしさっき》』は、その種の著述である。

「二十四」あるうち一史のみを専心集中して研究する場合もあって、おそらくそのほうが多い。たとえば「漢書学者」などが、久しく輩出してきた。そうした学風は一九世紀以前、王朝時代ばかりにとどまらない。

古来通例その種の研究とは、とりもなおさず注釈をつけることだった。『漢書』の「師古注」・『三国志』の「裴注」など、すでに紹介してきたとおりである。「二十四史」ばかりではない。『資治通鑑』にもモンゴル時代に、胡三省《こさんせい》という学者が注をつけた。いわゆる「胡《こ》注《ちゅう》」という金字塔的な著述である。

そんな伝統をうけついだのが、たとえば一九一〇年代まで生きた王先謙《おうせんけん》という文人官僚の著述『漢書補注《かんじょほちゅう》』であった。班固の本文・顔師古らの旧注も含んだこの集成が、現代にいたるまで『漢書』の決定版テキストとなっている。日本人の狩野直喜は、さらにそれを補う「漢書補注補《かんじょほちゅうほ》」を著した。

こうしたいきさつからも、やはり『漢書』を「二十四史」の第一とみなすのが、伝統的な認識・評価だったことがわかる。中国語圏には現在も、その種の「学者」がいておかしくない。

注釈よりも多かったのは、あるいは補作というべき研究・著述であろう。「二十四史」は史書として最も基本的な典籍ではありながら、各々が必ずしも完備してはいなかった。すでに述べたとおり「志」や「表」がもともとなかったもの、あっても不十分だったものもある。また伝来の間に、散逸した部分もあった。そのため各々の「正史」に対する考証・校訂・補足をほどこす著作がおびただしくできた。盛んだった考証学らしい営為のたまものである。

『二十五史補編』

たとえば『三国志』には、本紀と列伝しかない。簡略な伝記ばかりで、主要な官制もよく見えないまま、誰がいつどんな官職についたか、などを知るのは、必ずしも容易ではなかった。

それを補うべく一九世紀前半の考証学者・洪飴孫《こういそん》が『三国職官表《さんごくしょくかんひょう》』を作っている。「この一見して無味乾燥に見える著作は、いざ必要あって役立てようとすると、実に素晴らしい効果を発揮してくれる」と評したのは碩学の宮崎市定であり、不朽の名著『九品官人法《きゅうひんかんじんほう》の研究』を著すにあたって、この書籍を存分に活用した。

また唐のとりわけ後半期の歴史を考えるには、割拠勢力となった節度使は欠かせない。しかし『旧唐書』にはまとまった一覧がなく、『新唐書』の該当する「方鎮表《ほうちんひょう》」も不十分だったので、清代の早くから補足があいつぎ、最後には中華民国になってから、呉廷燮《ごていしょう》という学者が『唐方鎮年表』を出した。これがいわば決定版である。

『明督撫年表《みんとくぶねんぴょう》』もそうした作品の一つ。『明史』は「二十四史」のうち最も新しく、また最も完備した作品であった。それでも不十分な点はある。たとえば、もともと明朝の官制にはなく臨時的にできた地方大官の「巡撫《じゅんぶ》」「総督」などに、まとまった記述がない。両者ともに後代の清朝に引き継がれて常設となり、あわせて「督撫《とくぶ》」と称した。

この「督撫」は民国でいわゆる「軍閥」の前身となったもので、唐の節度使にも比せられる。それなら『唐方鎮年表』と同じく、やはりその年表一覧は欠かせない。『明督撫年表』のできたゆえんである。

こういう仕事をやらせると、博覧強記の中国語圏の学者にやはり一日の長がある。呉廷燮も得意としたところ、ほかの時代も地方大官の年表をもれなく作って『歴代方鎮年表』という大作にまとめた。

なるほど「無味乾燥」な一覧表でありながら、調べものにあたっては、とても便利で重宝する。またこの種の表作りは、やりはじめるとジグソーパズルのようなおもしろさがあって、なかなかやめられない。経験上の実感でもあって、製作に打ち込む考証学者の気持ちも、実作者として少なからずわかる。

「二十四史」のいわば副産物として続出したこの種の作品は、あわせて二百四十種あまり、中華民国二十五年の一九三六年に活字本六冊の一大集成として出版が実現した。『二十五史補編』という。

いつしか二〇世紀前半の中華民国、「二十四史」ならぬ「二十五史」に及んでいる。あらためて、その経緯をみなくてはならない。

3　転換

時代の変革

『二十五史補編』という書物、および書名に冠せられた「二十五史」という術語は、実に時代の産物であった。それならまずは、その時代からである。

時に中華民国ができて、ほぼ四半世紀。一九一二年一月一日の中華民国建国は、まもなく清朝の滅亡をもたらした。前代の王朝が亡びれば、従前のタブーは解禁となり、やがて前政権に対する断代史＝「正史」の編纂にとりかかるのが、中国史の恒例である。

もっとも中華民国は、もはや旧来の王朝政権ではない。西洋流の共和制国民国家を自称する。この共和国ができるまでに、儒教至尊の思想・経学と表裏一体の史学は、徹底的な批判を受けてきた。一九世紀末から日本を含む西洋列強の脅威を受け、亡国の危機に陥ったからである。

列強はすべて国民国家の体制をとっていた。二〇世紀以降、その国民国家を実現するのが、中国の目標・国是《こくぜ》となった。そうした「国民国家《ネーション・ステート》」には、「国　史《ナショナル・ヒストリー》」がそなわらなくてはならない。

ところが中国には、いずれも存在しなかった。「国名」すらない。漢や唐・清は、王朝名である。歴史もしたがって、王朝のそれしか存在しなかった。史学の根幹をなすのは正史＝二十四史、そのほとんどが断代史という王朝本位のスタイルだったから、一目瞭然である。

そしていまひとつ共通するスタイルの紀伝体とは、本紀が王朝を構成する君主の家譜、列伝が個人の履歴書・墓誌銘であり、それを寄せ集めたにすぎない。国家の歴史でもなければ、国民・社会の歴史でもなかった。

そういいつのって、新たな史学の草創をとなえたのが、梁啓超《りょうけいちょう》である。言論界の寵児《ちょうじ》・中国ジャーナリズムの草分けにして、政治家にして歴史学者でもあった。

梁啓超は清朝も末期の一八七〇年代の生まれ、元来は通例の知識人である。ご多分に漏れず、科挙合格をめざし、経書・正史を暗記する受験勉強にいそしんだ。たいへんな秀才で、四書五経ほか二十四万字をやすやすと憶えたあまり、終わりの一字から逆にそらんじることもできたというほどの博覧強記ぶりである。「二十四史」もまるまる暗記していたことは疑いない。

梁啓超はそんな旧型の知識人として出発しながら、危機の時代に生き、新たな思想にふれ、中国の国民国家化をめざした。自家薬籠《じかやくろう》中だったはずの「二十四史」の価値を否定し、新しい歴史学、すなわち「新史学」の導入に尽力する。

方法を論評し呼びかけたのはもちろん、実作も少なくない。旧来の正史・史学で評価が低く、誹謗の対象にすらなっていた『史記』貨殖列伝や宋の王安石をあらためてとりあげ、その合理性・近代性を喧伝《けんでん》した。

存続

梁啓超が主導した「新史学」の機運は、二〇世紀初頭から大いに高まる。中華民国になると、新しい歴史書・歴史教科書もできるなか、従前の史学・「二十四史」の立場に対するみなおしも、着々とすすんだ。

もはや王朝は存在せず、国民国家をめざす時代である。王朝の体制教学だった儒教イデオロギーに淵源し経学を補完する役割なら、史学もいらない。また王朝体制を表象し、その「正統」と存在理由を説明してきた「正史」も、従来の目的に限っていえば、あわせて不要な存在であった。

しかし史学も「二十四史」も、以前とかわらず、実に欠かせない。国民国家を作るためには、国史《ナショナル・ヒストリー》が必要である。歴史を書くには、史料がなくてはならない。従来の王朝史・「正史」は不要である。けれども過去の王朝時代を語る「二十四史」が、その史料の役割をになうとすれば、それは不可欠だった。近代という新たな時代の到来、新たな史学の創造にともなって、「二十四史」の位置づけもかわったのである。

供給すべき史料である以上、「二十四史」はなるべく正確で、誰もが使いやすいものでなければならない。信頼できるテキストも必要である。

すでに紹介した柯劭忞《かしょうびん》の『新元史』全二百五十七巻も、そうした意識のなか、「蕪雑」杜撰な『元史』の書きなおしを試みた作品だった。『元史』そのものにとどまらず、モンゴル時代に関わる一八・一九世紀の研究成果をひろく活用している。海外の近代歴史学による研究も例外でない。日本語はもとより欧文の著述にまで、参照は及んだ。

『新元史』の脱稿は一九二〇年、翌年に中華民国大総統の徐世昌《じょせいしょう》がこれを「正史」に認定する。こうして「二十四史」は以後、「二十五史」とも呼ぶようになった。政権の認定で「正史」に算入する手続きは、しっかり王朝時代を踏襲している。「正史」＝「二十四史」の観念は、どうやら抜きがたい。

かたや同じ政権の認定でも、乾隆帝「欽定」の「二十四史」は、願い下げだった。「訳語」を施した改竄版だからである。それでも清朝が続くかぎりは、この「欽定」版が最高権威とならざるをえない。

しかし清朝が亡んで中華民国になれば、話はちがってくる。大手出版社・商務印書館が一九三〇年から三七年にかけて、最もオリジナルの刊本に近いテキストを選んで影印《えいいん》した「二十四史」集成を出版した。『明史』も乾隆四年の殿版を採用し、あとの「訳語」版を用いていない。

これを「百衲本《ひゃくのうぼん》」と通称し、最も優れた「二十四史」テキストの地位をしめる。以後「二十四史」を用いる場合は、この「百衲本」を底本にすることが原則となった。ようやく現行の「二十四史」に到達する。

近代歴史学の作法にのっとる推移ではあった。正確なテキストを正確に読むのは、歴史学の実証主義にもとづく史料の批判・操作の前提だろう。

それなら同じ実証主義の考証学による研究成果も、それなりに有用だった。「二十四史」「二十五史」の補注・補作を活用するのも、宮崎市定のように当然であって、より使いやすいように、と『二十五史補編』の集成出版に至ったわけである。


『清史稿』

しかし「正史」＝「二十四史」の伝統は、どうやら消滅していない。たしかに「二十四史」自体は、史料となった。それでも「正史」の編纂という行為に関わる旧来の意識は、なお息づいている。『新元史』の「二十五史」認定・計上からもうかがえるとおり、新旧一変・全面転換というわけにはいかない。

同時代の政治史の現実が、すでにそうである。一九一二年に共和制の国民国家として、中華民国は誕生した。もっともそれは客観的には、清朝からいわば「禅譲」を受ける形で、規模をそのまま継承したものである。当時は古めかしい「禅譲」とはいわず、「遜国《そんこく》」と称したけれど、政権委譲の意味はかわらない。

北京紫禁城《しきんじょう》には「遜帝《ラストエンペラー》」の溥儀《ふぎ》はじめ、清朝の朝廷がそっくり残ったし、忠誠を誓ういわゆる「遺臣」も少なくなかった。あからさまな「遺臣」でなくとも、新たな政権・体制についていけない向きは、いっそうおびただしい。

つまり前代の残存は、多分に色濃かった。そうでなくては、当時の政権交代、いわゆる「革命」はかなわなかったわけで、中華民国における近代国家は、それほどに微弱だったのである。中央の政情は不穏で、地方に「軍閥」が割拠する状態であった。

中華民国建国の数年後には、帝制復活・清帝復辟《ふくへき》の試み・企ても、くりかえし起こっている。新たな共和制という体制枠組みそのものが不安定だった。さすがに皇帝・王朝の復活には至らなかったものの、それを是とする勢力・意識が潜在、顕在する情勢だったことは確かである。

このように残存していた旧制・伝統は、史学・「正史」でもやはり例外ではない。中華民国政府は一九一四年、清史館《しんしかん》を設けて『清史《しんし》』の編纂にとりかかった。現政権が前王朝に対する「正史」を編纂する、という「官修」の恒例をしっかり踏襲している。その点に関するかぎり、いかに近代国家を標榜しようと、民国も清朝を継承した以上、ごく自然な行動だった。

十四年後に完成したのが『清史稿《しんしこう》』である。編者は趙爾巽《ちょうじそん》を筆頭に、清朝の「遺臣」が名をつらねた。「正史」における「官修」「分纂」も、「二十四史」を引き継いでいたことがわかる。

4　現代へ

国民政府

もっともこの『清史稿』は、あくまで「史稿」つまり「正史」のドラフト・未定稿にとどまった。通例「正史」にカウントせず、「二十四」の数は増やさない。増やして「二十五史」とするなら、それは『新元史』を入れた数である。

両者のちがいは政権の認定を経たか否かにあった。『清史稿』に政権の承認がなかったのは、けだし政情の不安・転換による。完成の年は一九二八年。蔣介石の南京国民政府が北伐に成功、中央政府の地位を獲得し、政権が交代して北京が政治的な中心でなくなった年でもある。

しかも紫禁城に残留していた清朝宮廷とその主《あるじ》・溥儀は、一九二四年、国民政府の北伐に先んじて、退去を強いられていた。紫禁城は故宮《こきゅう》博物院となり、所蔵の厖大な史料は、あらためて学術的な利用に供せられ、いっそう近代学術・近代歴史学の機運も高まっている。「百衲本」や『二十五史補編』の出版も、その所産だった。

『清史稿』完成の当時は、同じく「中華民国」という国号ではありながら、「清史」編纂を発起した十数年前と、まったく情勢が違っていた。上でもふれたとおり、中華民国北京政府は清朝を継承してできた政権である。構成員には旧臣も少なくなかった。それだけに体質も類似し、立場・史観は清朝と近い。『清史稿』の編纂にいち早くとりかかったのもそのためだし、編纂にあたったのも清朝の「遺臣」である。

できあがった『清史稿』は、自ずから清朝政権・旧体制の立場を代辯《だいべん》、擁護する筆法が大勢をしめた。往年の「二十四史」をまったく踏襲、継続したとはいえないまでも、そこからなだらかに続く、違和感の少ない出来栄えなのである。

ところが南京国民政府は、はじめから清朝に反抗し、その顚覆《てんぷく》をめざした「革命」派の孫文の系譜を継いだ政権だった。北京政府とは政治的立場を異にし、いわば「正統」を争う関係であって、最後にはその打倒を果たす。それなら北京政府の作った『清史稿』も、およそ認めるわけにはいかない。まもなく発禁に処した。

もっとも北伐・北京陥落の混乱のさなかである。編纂に関わった北京政府の面々・学者たちは、完成まぎわの『清史稿』をそれぞれに持ち出して、三々五々逃亡した。こうして民間に流出したから、国民政府の発禁処分も、およそ有名無実と化す。

まとまった清代史の著述・史料は、当時まだ存在しなかった。その空白を埋めるべく、流出した『清史稿』は、各地各方面の知的・学問的な需要にこたえて普及したのである。

そうしたいきさつから、『清史稿』は多種の版本が併存せざるをえなかった。後世の読者からすれば、とても扱いにくい。

かたや国民政府は禁書としながら、存在を許した以上、その『清史稿』に取って代わる書物をつくらねばならないはずである。またその意欲もあった。

しかし国民政府の前途は険しい。すでに中国共産党と内戦状態に入っていた。しかも北伐が成功して三年後の一九三一年、日本の関東軍が満洲事変を起こし、やがて「満洲国」が誕生、中華民国から分離して成立したから、いよいよ苦境に立たされる。

一九三〇年代以降は、日本とのいわゆる「十五年戦争」に続いて国共内戦の再開。『清史稿』をドラフトにした『清史』編纂どころではなかったであろう。

あとを継ぐもの——台湾の『清史』

清朝に対する「正史」が存在しないまま、こうして現代まで。現状「正史＝二十四史」であるゆえんである。

もちろんその間、編纂の試みがなかったわけではない。それでも今なお『清史』は、無きも同然なのである。

国民政府がかつて『清史稿』を禁書にしたのは、いうまでもなく叙述内容が自らにとって適切でないからであった。『清史稿』は「遺臣」の述作、あくまで清朝の立場・観点に立った書物である。そのため中華民国成立後、つまり一九一二年以後の時期を清朝の「宣統《せんとう》」の年号で表記した部分もあった。これでは、孫文・「革命」・民国を軽んじ蔑《ないがし》ろにした、と国民政府が判断しても無理はない。

ところが当時、そんな『清史稿』の存在を否定し、普及を阻止することはできなかった。それなら代わる「正史」を編纂するほかはない。具体化したのは、中華民国・国民政府が台湾に遷《うつ》った一九四九年以後のことだった。

中華民国建国五十周年という節目を記念すべく企画した事業が、それである。該当の年・一九六一年に台北の国防研究院が『清史』を出版した。もはや「史稿」・ドラフト・未定稿ではない、政権公認の「正史」のつもりである。

かくてできあがった『清史』は、『清史稿』を下敷きにしながらも、多くの改訂を施した作品で、大がかりな構成上の変更もためらっていない。新たに加わった「補編」二十一巻から、一目瞭然である。

内訳は「南明紀《なんみんき》」五巻・「明遺臣列伝」二巻・「鄭成功載記《ていせいこうさいき》」二巻・「洪秀全載記《こうしゅうぜんさいき》」八巻・「革命人列伝」四巻。つまり清朝の「正統」・存在を否定しようとした勢力・人物を別格にとりあげたセクションにほかならない。

ねらいは清朝に取って代わった中華民国の存在を「正統」化するためである。「革命」派リーダーの孫文は、清帝溥儀の退位にあたって、南京にある明太祖の陵墓《りょうぼ》に参詣《さんけい》し、逝去の後は、その近隣に葬られた。また若年時には、自身を「第二の洪秀全」と称したこともあって、さながら明朝と太平天国の後継者というわけである。

そこで「南明《なんみん》」は「本紀」とした。清朝が北京に入って以降、明朝皇室の一族が対抗して南方で自立した勢力を「南明」という。その「南明」を奉戴《ほうたい》して清朝に抵抗を続けた鄭《てい》氏、および「滅満興漢《めつまんこうかん》」を叫んで清朝討滅に挑んだ太平天国は、「載記」に分類した。いずれも反乱・割拠勢力に終わったからである。これまた「正史」「正統」の伝統をまっすぐ承けているといってよい。

洪秀全・太平天国の位置づけ・叙述のちがいは、とりわけおもしろい。「賊」の「寇《こう》」つまり叛乱《はんらん》による秩序の破壊とする『清史稿』と、「英雄」の「起義《きぎ》」つまり正義のための決起とみる『清史』とのコントラストは鮮やかで、後者は太平天国を「民族革命」という近代的な概念で定義した。

旧来の王朝史観を逆転させアップデートしたかに見えて、「正統」を明らかにするという「正史」の旧套《きゅうとう》・枠組みを忠実に踏襲している。やはり「正史＝二十四史」の伝統は、中国語圏では国民国家の近代歴史学にも、牢乎《ろうこ》と抜きがたい前提なのであろうか。

もっとも『清史』の全体的なできばえは、必ずしも芳《かんば》しくない。「補編」に対する評価は上々だったのに対し、ほかの部分には多くの批判が集まり、史家から「拙速」による「矛盾」「誤謬」の指摘があいついだ。

台湾ではこの『清史』編纂は、失敗だったとの評価が定着し、あらためて『清史稿』の修訂にとりくんだうえで、新たな『清史』を編むことになる。一九七八年から『清史稿校注』を編集、一九八四年に出版した。

しかし『清史』編纂の見通しは、今なお立っていない。民主化した台湾では、『清史稿校注』以降の作業はすすまず、どうやら「正史」編纂そのものの意欲が減退しているかのようである。中国語圏で「二十四史」的な前提から脱却する徴候なのかもしれない。

あとを継ぐもの――大陸の『清史』

国民政府と同じく、太平天国を「民族革命」の「起義」とみなすのが、大陸を支配した中国共産党・中華人民共和国である。国共は相剋を続けたものの、この点で相違・矛盾はなかった。中国共産党は「民族革命」のみならず「農民反乱」の系譜も、太平天国から継承したと主張するから、その位置づけはいっそう高い。もちろん研究も台湾以上にさかんであった。代表的な研究者を一人あげよう。羅爾綱《らじこう》という碩学、つとに一九三〇年代・近代歴史学の発端から活躍してきた歴史家であった。

その羅爾綱は中華人民共和国建国の二年後、一九五一年に『太平天国史稿』を著している。「正史に太平天国史がなくてはならぬ」との趣旨で、太平天国の興亡を紀伝体で叙述した未定稿作品だった。台湾の『清史』に先立つこと十年、しかも太平天国に「載記」ではなく、まるまる「正史」を充《あ》てようというのだから、はるかに優遇といってよい。

もっとも「正史」は、中華人民共和国のマルクス・レーニン主義、毛沢東思想の歴史学からすれば、前時代の「封建」的な著述ともいえる。羅爾綱もそこは心得たもので、重版では前言の趣旨を撤回、「正史」の体裁をとったのは偶然で、欠点もあるといいつつも、上の「なくてはならぬ」の文言はしっかり残した。政府の意向がどう転んでも、ダメージを最小限に抑える手を打ち、書物そのものも存続させたのである。

そして初版本の執筆から「四十二年」経って、ドラフトならぬ『太平天国史』百五十四万字あまりを脱稿した。刊行は一九九一年、総ページ数二千七百以上の四巨冊、羅爾綱じしんは九十歳。筆者もこれには、感動を覚えた記憶がある。

「正史」に擬《なぞら》えた『太平天国史稿』『太平天国史』は、あくまで羅爾綱個人の著述「私撰」であって、政権認定「官修」「欽定」の「二十四史」に入れるわけにはいかない。しかし『太平天国史稿』から『太平天国史』に展開するなら、『清史稿』から『清史』への展開もなくてはなるまい。

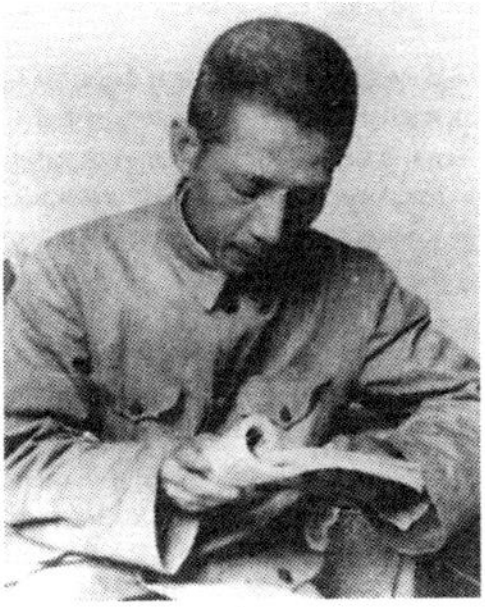
羅爾綱　1956年

案に違わず、『清史』編纂は二〇〇一年、正式に国家事業として承認をうけ、翌年に国家清史編纂委員会が発足、ついに人民共和国版『清史』の制作がはじまった。政府の全面的なサポートのもと、おびただしい専門家が関わり、当代最高の学問水準の編集作業が、以後十数年にわたって続く。二〇一八年に「初稿」が完成、審査を受けるべく政府に上呈され、その翌年に公刊の予定も報じられた。しかし今にいたるまで、刊行はみていない。

この『清史』編纂事業は、ちょうど筆者の研究歴と重なっている。その経過をいわばリアルタイムでみてきた。研究活動の活性化や海外の学界との交流、資料の蒐集や編纂、そしてその公刊は、自身に関わるところ少なからず、多くの便益も受けている。それだけに『清史』本体の帰趨にも、無関心でいられない。

一説によれば、『清史』刊行の遅延は、アメリカの「新清史《しんしんし》（New Qing History）」学派による影響に反撥してのことという。「新清史」とは非漢人の統治に重点を置き、満洲・モンゴル・チベットなど非漢語史料をもちいた日本人の清朝史研究に触発を受けて興った学問潮流であり、『清史』の編纂過程とやはり時を同じくしていた。

この学説を漢族中心の「中華民族」・中国共産党の指導の否定とみなす政治的な動向も、確かに存在する。大陸の学者はなればこそ、ことあるごとに「新清史」学派の所説を批判してきた。

こうした政治動向が『清史』の存否を左右しているとすれば、乾隆時代の「官修」「欽定」の「正史」の位置づけそのままである。「二十四史」の伝統は、今日も脈々と生きているといわざるをえない。

終章　「正史」と日本人

歴史と政治

ここまで『史記』から数えて二千と百年。現在「正史」が「二十四史」にして『明史』までなのは、決定版の『清史』ができていないからである。その原因は清朝を後継する「正統」政権が、いまなお定まっていないことにあり、「二十四史」とはそうした因果関係・論理で成り立ってきた。それを許容し、かつ当然とみなす中国的な史学・「正史」という観念に、あらためて思い至らざるをえない。

現代中国では、もちろん西洋に由来する歴史学を学習し実践する。ところがその営みのなかにおいても、「正史」の観念は連綿と鞏固《きょうこ》に存続しており、たとえば「三国」や遼・金・宋をめぐる「正統」の議論も、必ずしも過ぎ去った昔話ではない。「正統」政権たる「一つの中国」、「正統」な国家をなす「中華民族」という概念・定義につながってくる。「正史」を構成する政治主張・イデオロギーは、現代中国でも歴史学といわば表裏一体だといって過言ではない。

しめくくりに、そんな二千年をあらためてふりかえってみよう。ここまでの叙述は主として、書き手・作り手の目線からであった。しかし読者がいなくては、書物は成り立たない。どのように書いてきたか、は、誰がどう読んできたか、と密接に関わるはずだ。そこに一瞥を加えながら、二千年のありようを確かめてゆきたい。

司馬遷が『史記』を著したとき、おのれのすべてを注ぎ込んだ自著であった以上は、もちろんしかるべき読者を期待した。それでもまさか後継者があいついで、新たな学術が生まれ、二千年つづく、と思っていたはずはあるまい。

かれは自著を秘し、「後世の聖人君子」の閲覧評価を待つとした。その書が「後世」どのように扱われて世に出たのかは、じつはよくわかっていない。しかし史官として著述をはじめ、宮刑をうけたあとも朝廷に仕えた人物である。政府に関わる記事を含むその著作が、朝廷に上納されなかったとは考えにくい。

前漢末・紀元前一世紀末、勅命を受けて『史記』の続編を著述した人物の記録もある。朝廷内では読まれて評価も定着していたと考えてよい。後漢になれば、班彪・班固父子の事例でわかるとおり、それはいっそう明らかである。それでも司馬遷の死からは、すでに百年の時間が経過していた。

それなら『史記』の読者層は、どこまでのひろがりをもっていただろうか。もとより正確なことはいえないけれども、紙も印刷もなかった時代であれば、およそ朝廷の外を出たとは考えにくい。『史記』にはじまる「正史」は、当初から政府・宮廷、ないし君主およびその取り巻きと一体で存在したのである。

伝承と門閥

それに対し、班固が生きた一世紀末、そしてかれの著した『漢書』は、すでに紀元前一世紀の『史記』とは、条件が異なっていた。内容・文体が当世の気風に合致して、歓迎をうけたことは前述のとおりである。その評価もただちに、知識人の間にひろまった。初読者が格段に多かったはずである。遅くとも二世紀前半には、そうだった。『漢書』の注釈がたくさん出たことと、伝播の速さ・読者の多さとは無関係ではない。

そしてそこには、この頃から使用のはじまった紙という新しい書写媒体も、あずかって力がある。『史記』はあくまで木簡の書として書かれ、出来《しゅったい》した。取り扱いは比較して、はるかに鈍重である。『史記』の認知に百年かかったことを考えれば、すみやかに普及した『漢書』が、軽便な紙の発明と利用にうながされて、木簡にとどまらない形態の書物になっていた事実は看過できない。「正史」全体の成立にとっても、重要な意味を有した。『漢書』にはじまる「正史」のひろまりは、遅くとも三世紀に入ると、個々の門閥に及んでいる。いいかえれば、史書は宮廷にとどまらず、門地ある知識人らの専有物にもなった。

もちろん門閥貴族は一面、朝廷に出仕する重臣であり、政府を構成した官僚だったから、君主・政権と深く繋がってはいた。しかし門閥は自立して、存在を政権に依存しない。君主にひけをとらない自己主張が可能であり、教養という点では、むしろ君主より優越することも多かった。

だから史書も宮廷の独占を許さない。その述作・読書も門閥出身の知識人が主導して、宮廷が後追いする構図になってくる。「裴注」をふくむ『三国志』と『後漢書』から、『宋書』にはじまり『南史』『北史』にいたる南北朝の諸史、すべてにあてはまる経過だといってよい。

唐はあらためて君主権を確立し、門閥に君臨しようとした王朝である。正史の編纂でも、それはかわらない。「五代史」で南北朝諸史を回収しつつ、『隋書』『晋書』で「官修」「分纂」の原則を打ち立てたのも、「正史」の述作・読書のヘゲモニーが門閥知識人にあったことを裏書きしていた。それは四部分類の史部・史学が独立、成立したことと並行した現象でもある。

売買と印刷

宮廷の独占から門閥の専有に拡大したといっても、もちろん今日のような印刷売買は、なお存在しない。史書のひろまりとは、具体的には貸借を通じた書写による。その意味では、依然ごく狭い範囲、閉じた空間での排他的な流通だった。

史書をはじめとする書物の所有・閲覧は当時、まだ一部の特権にすぎない。それでも読書・書写のひろがりは、書物の全体量を増やし流動性を高める。やがて売買も成立してきた。社会のニーズは確実に増大している。

困窮に苦しんだ南朝の名門貴族は、家伝の『漢書』を質入れすればよいといわれると、「餓死したほうがマシ」と答えた。六世紀のエピソードである。質入れといっても、請《う》け出せるはずはないので売却にひとしい。『漢書』の所蔵が家門の誇りであり、なおかつ換金できたわけで、転換に向かう世情を活写している。「正史」の行きわたる範囲も、ようやく門閥の専有の外に拡大しようとしていた。

書物の売買が恒常化すれば、書店もできる。専業の書店を求める社会的な需要は、唐代も後半期・九世紀には、もはや顕在化していた。

版木を用いた印刷術も、時を同じくして一般化しつつある。以後、九世紀から一一世紀にかけては、いわゆる唐宋変革の時代にひとしい。印刷出版の技術革新も、変革の一つに数えるのが通例である。

もとよりその背景には、社会の変容が作用していた。門閥の有力者層は没落して、知識人は少数特定の名門にかかわらず輩出する。いわゆる知識人エリートのすそ野は、広汎にひろがっていった。

それに応じて、書物の需要も格段に高まる。その書物自体も、もはや印刷・刊本が書写・抄本に取って代わりはじめた。書店による営利出版、いわゆる「坊刻《ぼうこく》」も出現する。かくて売買に出版と、書店の果たす役割も高まってきた。

印刷と「正史」

では「正史」・史書の需要・流通は、そうした発達に見合うほどあったであろうか。実はそこがかなり疑わしい。

売買・印刷が盛んになり、書店・「坊刻」もあらわれる趨勢に応じて、王朝政権は自身にとって重要な書籍は、自ら出版を非営利で手がけた。そこから世上に公開する、という形をとるのが通例である。明代の「監本二十一史」でみた国子監の印刷刊行も、すでに宋代から慣例であった。刊行にあたる政府機関は、もちろん国子監に限らない。いずれにせよ、印刷出版の時代に入ったからといって、「坊刻」ばかりを想起しては早計である。やはり宮廷・政権との関わりを閑却するわけにはいかない。

「正史」もおよそ、そのカテゴリーに入る書物である。先にふれたように、北宋政府は一一世紀後半には、『隋書』にいたる南北朝の諸史、および『南史』『北史』の出版をすすめていた。だからといって数の増えた知識人エリート、政府官僚が誰でも「正史」の刊本を手にしたわけではない。

同じ時期、『資治通鑑』の編者・司馬光は、その「正史」はこれまでみることができず、できても熟読はかなわなかった、『資治通鑑』編纂の任にあたって、はじめてじっくり読むことができた、という。さらに「正史」は、朝廷が出版しただけでは、誰にもいきわたらず、後世に伝わらなくなる危惧を表明した。中央政府につかえ、史学に造詣が深かった司馬光でさえ、勅命で『資治通鑑』編纂に従事するまでは、「正史」をまともに閲覧できなかったのである。

ちなみにその『資治通鑑』は、上進した翌々年の一〇八六年（元祐《げんゆう》元年）に、すぐ印刷に付された。最初から印刷物で出た史学初の書物だったかもしれない。

宋代はこのように印刷の普及が顕著で、とりわけ南宋はそうだった。そんな時代であっても、「正史」に関するかぎり、大量の刊本が売買を通じて普及したわけではないし、知識人がそれを入手、所蔵したわけでもない。政府出版の刊本を、各自が必要に応じて書写入手し、抄本を所蔵するのが、むしろ一般的だったのであろう。

「正史」はやはり政府と一体だった。王朝が亡び政権が倒れれば、版木も失われる。それまでに閲覧した一部の官僚・知識人が読み写した書物、ないし部分しか、後世に伝わらなかった。それでこの時期、「正史」の伝承に淘汰が起こって、残欠の生じた史書のあったことも説明がつく。

「二十四史」に至って

以後も情況に大きな変化はなかった。すでに述べたように、モンゴル政権も「正史」の一括出版をおこなっている。けれどもそれは、一般の知識人層が「正史」の刊本を入手閲覧できた、という意味ではない。「正史」の出版は依然として、政府・政権と切り離すことのできないものだった。知識人がいかに望んでも、たとえば個人で書店からその刊本を入手するなど、およそ考えられない。『五代史』までの「十七史」、ないし『元史』までの「二十一史」ができる一五世紀あたりまでは、こうした情勢だった。

そこに変化が生じるのは、一六世紀に入ってからである。大航海時代という世界史上の転換期と重なるのは、おそらくは深層で関連していた現象だからである。

この時期、印刷物・出版品が爆発的に増加し、普及をみせた。それまで局地的、ないし一部のジャンルにとどまっていた「坊刻」、つまり民間の出版業も同じ時期、やはり本格的に全面展開している。書物文化の世界はもはや官僚・エリートばかりに限られない。地位も身分もない下層知識人も、おびただしく参入してきた。

当時の科挙は受験者が激増している。必ずしも任官して政府に仕える目的ではない。合格で得られる資格と権利で、財産を保全しようとしたからである。科挙に応じるべく「挙業」つまり受験勉強にいそしみ、そのなかでリテラシーと読書欲をそなえた人々も出てきた。『綱鑑』『十八史略』のような史学の入門書が、迎えられて流行したのも、そうした世相からして当然である。その志向はいよいよ本尊の「正史」にも及んできた。

一六世紀のはじめ書店で『史記』を久々に刊行したところ、読書界で大きな歓迎を受けたという。ダイジェストから一歩すすんで、「正史」そのものを読んでみたい。そんな機運を示す典型的象徴的な事例であろう。この前後から古典著作の出版販売がはじまった。種類部数、決して少ない数ではない。

上述の「監本二十一史」とは、こうしたニーズが高まった情勢のなか、出版にいたったものである。そして北京国子監から刊行があった後、一七世紀に入るまでには、知識人ならどの家も、この書を所蔵した、とまでいわれるようになった。

その前後、最も流布して読まれた史書は、おそらく『綱鑑』や『十八史略』のようなダイジェスト本だろう。しかし他方で、「正史」をすべて取りそろえて持っておく見識も尊重され、やがて常識と化していった。

こうして、ようやく文字どおりの「正史」普及が実現する。それは『明史』を除く「二十一史」の段階にして、初めてのことだった。こうした下地、準備があって、はじめて清代一八世紀・乾隆年間の「二十四史」確立・完成にいたり、それに対する民間知識人の研究・著述も出たのである。われわれが普通に思い描く書物と学問の風景に、ようやく近づいてきた。

それでも「二十四史」とは、「欽定」にほかならない。体制イデオロギー・言論統制と不可分であって、政権・政府は読者のすぐそばにいる。それがどうやら「正史＝二十四史」、ひいては二千年にわたる中国の伝統「史学」・現代歴史学に一貫した条件なのであり、そこを見のがすわけにはいかない。

日本人と「正史」

冒頭で述べたように、中国は過去・事実の復原という歴史的な意識・記述に鋭敏な伝統をもつ文明である。そうした文明は「正史」「二十四史」なる歴史叙述を生み出した。では、その周縁に位置する日本列島で、やはり歴史を紡いできたわれわれは、それとどのように向き合ってきたのであろうか。

中国文明とは漢語文明の謂《いい》であり、「正史」「二十四史」をはじめとする史書は、すべて漢語で書いてある。連綿と書き継がれた歴史叙述は、漢語の文章表現にほかならない。漢語圏が東アジアにひろがれば、中国・「正史」の埒外で新たな史書を生み出す可能性もある。

列島に住む人々も、否応なく漢語を自身の書写文字として採択した以上、それが具備する制度・思想・表現の枠組みをも、まるごと受容せざるをえなかった。政治体制として律令制が然り、歴史意識・歴史記述としては、史書・「正史」もその例にもれない。『日本書紀』以下、「六国史《りっこくし》」のできたゆえんである。

もちろん受容は、模造複写・墨守盲従とは異なる。両者の異同はやはり看過できない。そこに日中各々の歴史、そしてわれわれのまなざしの特徴もみえそうだ。

日本人・日本史は「六国史」以下、政権の編む史書を「正史」と呼び慣わすらしい。もちろん譬喩であるかぎり全然さしつかえないものの、やや多用に失するのは、まず中国史家のいぶかしく感じる点である。

たとえば『日本書紀』にはじまる「六国史」は編年体で、学界もふつうに「編年体の正史」と称して怪しまない。中華オリジナルの通念からすれば、「正史」は紀伝体であるべきだから、奇妙であり矛盾である。

さらにいえば、断代史でもあらねばならない。数詞を冠して「六国史」といいながら、その「六」とは連続継続である。「三国志」のように同時分立でもなければ、「五代史」のように断絶継起でもない。ともかく日本史は王朝交代がなかったから、「正統」の観念も事実ももちえなかった。「十七史」「二十四史」のような「正史」も存在しないはずである。だから「六国史」などを「正史」というのは、精確な概念・定義・用法ではありえない。

メタファー・レトリックならともかく、やはり撞着《どうちゃく》をきたした言い回しで、むしろ漢語の曲解濫用である。別の言語文字の漢語で母語を表記しなくてはならない日本人の宿命的な習癖かもしれない。

瑣末《さまつ》な術語概念にも齟齬がある。「六国史」は『日本書紀』『続日本紀《しょくにほんぎ》』から『日本三代実録』まで、前二者の「紀」は本紀の謂ながら、それは「実録」という語句と同義らしい。現在も編纂の続く天皇の「実録」も同断である。

中国ではそれに対し、すでに述べたとおり「正史」の本紀と「実録」とは、そもそも段階・レベル・役割の異なる書物だった。後者が前者の資料となりこそすれ、等号で結べるものではない。

いかに同じ漢字・漢語を用い、古典を共有するとはいっても、やはり日中、大陸と列島は、はるかに遠い世界なのであって、それぞれ似て非なる歴史・史観なのが、「正史」や「実録」という何げない漢語からもよくわかる。しかしこれまで、そうした事情をあまりに閑却してきたのではないだろうか。歴史をどう見るかという根本的な問題にも関わってくる。いま少し厳密であってよい。

「史は没すべからず」

「国は滅ぶべきも、史は没すべからず」という。王朝は滅ぶかもしれないし滅んでよいけれども、その興亡を記し「正す」史書は、書き継がれなくてはならない。中国でいまも「清史」を書こうとするゆえんである。

こうした中国的な確信・通念は、日本史の事実・日本人の意識とはおよそ正反対である。日本の王朝史は「六国史」で途絶した。しかし王朝そのものは「万世一系」、滅んだことがない。

「六国史」の編纂時期は、ちょうど唐代と重なる。唐は第2章でもみたとおり、自らの存在意義を立証すべく、「正史」を「官修」「分纂」化した王朝だった。そうした編纂の目的・方法は、たしかに「六国史」も受容したのか、共通している。それがやがて中絶したのも、中国流の史書・「正史」が、けっきょく日本の国情に適さなかったからである。日本人が「二十四史」に疎《うと》いのは、したがって当然なのかもしれない。

漢字・漢語の習得でリテラシーを身につけた日本の知識人は、つとに自前の文字・知見の運用をはじめる。歴史叙述も同じ、「六国史」以後はいよいよ中国流の「正史」とは無縁、「官修」にみまがう述作が出来しても、「正史」のように制度化したわけではなかった。おおむね「私撰」的な著述で代替・補完が効いたところに、中国史と隔たる日本史の特質があるといってもよい。

それでも中国の史書・「正史」を立ち入って研究した時代はある。漢学こそ学問だった近世であり、そして近代歴史学を導入し漢学を東洋史学に衣替えした明治以降、近現代であった。

他方でこの時代に、日本古代の「六国史」を復原し、また『明治天皇紀』『昭和天皇実録』もできたことはおそらく偶然ではなく、いささか興味深い。あらためて中国との距離を問いなおしているかにみえる。

日本人が国民的な規模で漢籍に親しみはじめたのは、江戸時代に入ってからである。海の向こうの大陸で出版業が長足の発展を遂げ、多くの人々が書物を手に取り、「正史」も一般知識人に普及したのと同じ時期、けだしパラレルな現象だった。日本人もそうした物量の増加をうけ、本場舶来の「正史」を入手、また精読する。ようやく中国の史観・史書になじみ深くなってきた。

その成果はいまでも「和刻本」として残る。多くは諸藩の手がけた出版事業の所産で、徳川幕府の奨励もあって、諸藩が大部の漢籍を校刊するのは一種の流行だった。荻生徂徠《おぎゅうそらい》など有名な藩儒が、舶来の「監本二十一史」に句読や訓点を施し、綿密な校語を加えて翻刻している。長澤規矩也《ながさわきくや》が集成して解題をつけ「和刻本正史」と題した影印版があって、現代も閲覧が可能だ。読解の指針になってくれるし、われわれが当時の水準からして、いかほど読めなくなりはてたかも痛感させられる。

そうはいっても、和刻の「正史」は「十七史」にも満たない。「監本二十一史」に含まない『旧唐書』『旧五代史』はもちろん、「二十一史」のうち北朝の諸史、さらにモンゴル時代の三史も欠く。難解だったのか、関心が薄かったのか。

これに対し、日本人が愛読したのは、編年体通史の『資治通鑑』。「六国史」のスタイルからしても、『資治通鑑』を好むのは納得できる。逆にいえば、紀伝体・断代史の「正史」とは、いまひとつ相性が悪いらしい。

大正から昭和前期にわたる漢文古典の一大集成・ロングセラーの『国訳漢文大成』も、そうである。『資治通鑑』は入っていながら、「正史」は『史記』しかない。

「二十四史」をまともに相手どって読んだのは、けっきょく明治以後、ごく少数の漢学者・中国学者・東洋史家だけなのであろうか。そして今や、その営為はいつ消滅してもおかしくない。

それなら現代の日本人は、その「正史」「二十四史」をこそ、把握する必要がある。自分たちの常識と、いかほど距離があるのか。現代の日中および両国の関係に、どれだけ影響を及ぼしているのか。考えるべきことはたくさんある。

もとより厖大な書物、あえてすべて繙《ひもと》くには及ばない。専門の筆者だってごく一部のつまみ食い、読破したわけはないし、今後もするつもりはない。宮崎市定もいうように、「無茶苦茶に読んだ所で、そう効果のあるものでない」からである。しかしその何たるかは、なるべく全体として正確にわきまえたほうがよい。

中国では「史は没すべからず」。「清史」の帰趨も現実政治・「中華民族」と無関係ではない。その由来ははるか『史記』に始まる「二十四史」にある。あらためてその意味を考えていかなくてはならない。

あとがき

およそ物書きのはしくれなら、書きたい題目・書いてみたい本があるだろう。ふと何げなくそう思いついたものの、よく考えてみれば、実のところ両者は、決して同じではない。「書きたい」とは、手が届きそうな、できるはずのテーマ・課題のはずだ。意欲は何もないところからは起こらないし、はるかに遠すぎても起こらない。まったく不可能と悟れば諦める。

お気に入りで、しかも可能な仕事は、若年時には少なくなかった。年をとって「書きたい」ことが減ったのは、気力の衰えでなければ、意欲をかなえてきた、幸せな経歴だったといってよい。必然的に「書いてみたい」ものの比重が高まっている。

ところが「書いてみたい」は、ほんの数文字ちがうだけながら、中身が截然《せつぜん》と異なる。「いつかは」と枕詞《まくらことば》もつくから、はるかに遠い、さしあたっては、手が届かない、できない、という諦観《ていかん》がまずある。

それでも諦めきれず、棄てられない。意欲というより憧れであって、「いつかは」と遁辞《とんじ》を弄するのも、諦念《ていねん》に近い憧憬《しょうけい》のなせるわざなのだろう。

もうひとつ、とくに物書きでなくとも、目前に「書かねばならない」文章はあるにちがいない。この場合は選り好みできないから、さしあたり意欲も憧憬も関わりない。そのため多分に不本意な作文になってしまうこともある。

＊

東洋史学で中国の「正史・二十四史」は、基本中の基本である。かたや異邦人の初学者、まったく何の知識・素養もない。だから学生時代、それなりに教わったはずながら、チンプンカンプンのままだった。おそらく本格的な研究をはじめてから、右も左もわからないまま、各種文献史料を扱ううち、知らず識らず身についていたようである。

教壇に立つようになると、「正史・二十四史」は基本中の基本だから、最低限の情報は講じなくてはならない。毎年の年中行事・日常の茶飯事になっている。

見よう見まねの熟練で身についた基本。何も知らなかったはずなのに、いつしかあたりまえに転化、昔の自分のことなど、すっかり忘れていた。

二〇二二年の年の瀬だったかと記憶している。中央公論新社の白戸直人さんにお目にかかる機会があって、その「正史・二十四史」の話が出た。

やや気になって、後日くわしくうかがうと、そうした題目・内容の新書を編むので、執筆を依頼したいとの由。以前に日本の『六国史《りっこくし》』をつくったので、中国の『二十四史』も姉妹篇としてラインナップにほしい、ということらしい。

これには面食らって、失礼ながら咄嗟《とっさ》に「何て法外な」とあきれた。けだし、あたりまえの感覚のなせるわざである。字面は似ても「六国史」と「二十四史」はあまりに異質、とても同列には扱えない。まともにとりあえる話ではなかった。

*

しかし時を移さずに思いなおしたのは、はしなくも昔の自分を思い出したからである。東洋史・中国史学のあたりまえに通じずに両者同じく「正史」というなら、それもやむをえない。

当初のあきれた気持ちは、まもなく戦慄に変わった。「正史・二十四史」は中国二千年・大陸漢語圏の現代まで貫く歴史認識・世界観の基礎をなす。それを列島古代限定の「六国史」ごときと等し並みに見て憚《はばか》らない。稀代の編集者にしてそうなら、あとは推して知るべし。要するに、隣り合わせる大国の歴史観を日本人がまったく知らないのとほぼ同義である。

これでは日本の東洋史学は、何のためにあるのか。学界の存在意義も問われているような気がした。戦慄はやがて義務感に変化、いやしくも中国史家のはしくれ、この依頼は承けねば沽券《こけん》にかかわる。まさに「書かねばならない」仕事になった。

そして「正史・二十四史」は、中国史学の枢軸である。斯界入門からこのかた四十年足らず、ずっと座右にあった。そんな学の枢軸・座右の書を論じて自著にできる。いわば中国史の史学概論を書くも同然、東洋史の学徒として本懐だというほかない。

ほのかに「書いてみたい」と憧れてはいたのである。とはいえ、何事も基本ほど難しい。このたびは二千年の基本であれば、至難とさえいえる。とても任ではない。ずっと諦念に押し込めていた意識でもあった。

「書いてみたい」と「書かねばならない」。両者が執筆依頼を契機に結びついて、小著が生まれた。希有《けう》の僥倖《ぎょうこう》というべきである。誰よりも何よりも、白戸さんの「法外な」お声がけ、そして卓抜な編集に感謝しなくてはならない。

*

それでも年中行事的に最低限の情報を口頭で伝えるのと、後々まで残る著述で文章に表現するのとは、はるかに次元の異なる営為である。当初、依頼にあきれたのは、その「法外」さも混じった所懐ではあった。

非才《ひさい》はやはり隠せない。「書かねばなら」ず「書いてみたい」と念じても、すんなり書けるわけはなかった。義務感と憧憬がせめぎあって、筆はいつも渋滞、ひととおり何とかまとめるまでに数年かかっている。

その間はあらためて基礎からはじめる勉強にひとしい。四十年の足取りがいかに覚束なかったか、いちいち確認する月日でもあった。

とにかく手当たり次第、専家に示教を仰がねばならぬ。かつて同僚だった渡辺信一郎さん、新たな同僚の渡邉義浩さん、かねて示教を忝《かたじけな》くする伊東貴之さん、そして例によって、畏友の君塚直隆さん、丸橋充拓さん、古松崇志さん、箱田恵子さんから懇篤《こんとく》な批正《ひせい》をいただいた。記して衷心《ちゅうしん》の謝意を表したい。

「書かねばなら」ず「書いてみた」かった作品である。書き上がったのなら、自身はそれで本望、以《もっ》て瞑《めい》すべし。もっとも、「東洋史のベースである二十四史（＋清史）全体を簡易に紹介出来る新書」を「アカデミックトレーニングを受けていない歴史に関心がある層に、お届けする」という白戸さんの要望にどこまでお応えできたのか。

そこはなお未知数ながら、もはや「法外」ではない。手にとってくださった読者諸賢のご判断にお任せするのみである。

二〇二四年一一月　　晴れわたった都の西北にて

岡本隆司

参考文献——論著あれこれ

中国の「正史」「二十四史」をまるごとコンパクトに一冊で述べる試みは、けだし日本語の論著では、さして多くない。「正史」のうち一つ、ないしは、いくつかをとりあげる書物は、逆にたくさんある。

学術的にもそうであるから、一般向きはいよいよしかり。もちろん「二十四」という複数の書物だから、人によって好悪・軽重の差違は出てよいし、それが自然ではある。

書き手がそうなら、読み手はいよいよそうであっておかしくない。「二十四」を通じてとりあげた小著でも、ご覧のとおり個々をみれば、とりあげ方は濃淡まちまちである。

しかしながら、まったく「正史」の何たるかを知らない読者、あるいは耳にしたことくらいしかない方々、またまずは「正史」そのもの、ないし中国史の全体を大づかみに知りたい向きには、「正史」の個々に立ち入って述べる著述は、かえって不便かもしれない。数少なかった小著のような試みは、そのために存在する。

小著でひとまず「二十四史」を駆け抜けてみた。さあ、これから「正史」本体を調べてみよう、読んでみよう、と思われたなら、それは大歓迎である。

だからといって、「二十四史」いっぺんに、すべては難しい。逆に「二十四」ある「正史」のうち、やはりピンポイントで、これを、ということになるだろう。そんな向きには、今度は小著の「二十四史」それぞれに対する簡単な叙述だけでは、とても食い足らないにちがいない。

そこで以下、小著執筆にあたって参照した、おびただしい関連論著や訳注書のうち、引用したものは網羅しつつ、くわえて参考にした、ないし参照すべき著作は厳選して紹介しよう。今後のため、少しでもお役に立つことを期待したい。

不朽の古典的名作

まず「二十四史」どころか、中国の「史学」全体をあつかいながら、しかも個別の「正史」も、精細かつ独創的に解き明かした不朽の古典的名作。

内藤湖南『支那史学史』全二冊（東洋文庫、平凡社、一九九二年〈『内藤湖南全集』第一一巻、筑摩書房、一九六九年。初刊一九四九年〉）

日本にはこの名著があるので、斯界の学者はいかなる碩学も、全面的な中国史学史にあえて手を出してこなかった。これを読めば、およそ必要がなかったからである。いかに古くなっても、筆者のごとき物知らずな無学の徒でなくては、小著のごとき無謀な試みはしないものである。

そして筆者・小著がいかに非才・軽薄でも、この書を無視するわけにはいかない。ずっと額縁になってもらい、またその趣旨を伝えるようにもした。

この『支那史学史』は「正史」「二十四史」だけを扱うわけではないし、さすがに時日も経っていて、初学者にはとっつきにくい。「正史」個別には、いっそうすぐれた、またわかりやすい論著がたくさん出ている。また「二十四史」全体についても、論著がないわけではない。そのあたりをかいつまんで。

『宮崎市定全集2 東洋史』（岩波書店、一九九二年）に収める「中国史学入門総論」は、中国史学に「入門」する人向けに、種々の書物を解説した文章で、「正史」「二十四史」も簡潔、的確に位置づけてある。ただこれも漢籍にひととおり通じた人が想定読者なので、発表時期の古いのとあいまって、わかりづらいかもしれない。

もう少し一般向けなのは、増井経夫『中国の歴史書——中国史学史』（刀水書房、一九八四年）。「正史」を中心に「中国史学史」をたどっており、類書が少ないので重宝されてきた書物である。やはり偏りはあって、「二十四史」を網羅しているわけではない。

これもさすがに古くなったので、竹内康浩『「正史」はいかに書かれてきたか——中国の歴史書を読み解く』（大修館書店、二〇〇二年）は、増井の書物と相補う位置づけになるだろうか。ハンディな体裁ながら、著者の篤実な学風の滲み出た著述で、とくに太平天国の記述を取り上げた点は出色である。やはり網羅的ではない。

岸本美緒『史学史管見——明清史論集4』（研文出版、二〇二一年）に、近現代日本との関わりをみた「近代東アジアの歴史叙述における「正史」」という論考を収める。日本の「六国史」や日中のナショナリズムに関わる知見は、示唆に富む点が少なくない。

そして欠かせないのが、井上進『中国出版文化史——書物世界と知の風景』（名古屋大学出版会、二〇〇二年）。史学・「正史」に限らず、中国における書物・著述を考えるには、必読の文献である。かなり高度ながら、「二十四史」を論じるにも見ないわけにはいかない。

『史記』『漢書』

ついで個別に移ろう。もっとも論著の多いのは、やはり「二十四史」筆頭の『史記』である。最初にあげるべきは、瀧川亀太郎が編纂した『史記会注考証』（東方文化学院東京研究所、一九三二～三四年）。それまでの内外の注釈・研究の成果を集大成した最も詳密なテキストであり研究書でもある。翻訳であれ研究であれ、以後『史記』を用いるさいの底本をなした。

『史記』は本文でも述べたとおり、文学でも多く取り上げている。最たるものは、たとえば吉川幸次郎『漢文の話』（ちくま学芸文庫、二〇〇六年〈初刊、一九六二年〉）であろうか。いわゆる「叙事の文章の最高の名文」という評が忘れがたい。

歴史学の立場からは、宮崎市定『史記を語る』（岩波新書、一九七九年〈岩波文庫、一九九六年〉）

が明快な概念を与えてくれる。それ以降、春秋戦国時代に関する研究の進展に立脚した吉本道雅『史記を探る――その成り立ちと中国史学の確立』（東方選書、東方書店、一九九六年）もみのがせない。

日本人は『史記』のみに目を奪われがちながら、中国ないし中国学では、むしろ『漢書』と対でとりあげることが多い。『漢書』に軍配をあげることもある。これまた小著でみたとおり。そうした系列の論著は、本格的な中国史・中国学の論述でもあるので、ぜひ賞翫《しょうがん》味読いただきたいところである。以下、列挙する。

狩野直喜「漢書補注補」同『両漢学術考』（筑摩書房、一九六四年）所収
大木康『「史記」と「漢書」――中国文化のバロメーター』（岩波書店、二〇〇八年）
吉川忠夫『読書雑志――中国の史書と宗教をめぐる十二章』（岩波書店、二〇一〇年）
渡邉義浩『中国における正史の形成と儒教』（早稲田選書、早稲田大学出版部、二〇二一年）
渡邉義浩『「古典中国」における史学と儒教』（汲古書院、二〇二二年）
吉川忠夫『読書漫筆』（法藏館、二〇二三年）

『三国志』『宋書』『晋書』

『史記』に劣らないほど言及が盛んなのは、いうまでもなく『三国志』である。もとより『三国志

演義』とのからみが多い。

高島俊男『三国志 きらめく群像』(ちくま文庫、二〇〇一年〈初刊、一九九四年〉)
井波律子『三国志演義』(岩波新書、一九九四年)
渡邉義浩『三国志——演義から正史、そして史実へ』(中公新書、二〇一一年)

たとえば以上は、いずれも『三国志演義』との関係から「正史」に言及した典型例である。著者の陳寿については、むしろ「前四史」全体に対する関心に属する福井重雅編『中国古代の歴史家たち 司馬遷・班固・范曄・陳寿の列伝訳注』(早稲田大学出版部、二〇〇六年)で史料にもとづく紹介があり、専門の研究では、田中靖彦「陳寿の処世と『三国志』」『駒澤史学』(第七六号、二〇一一年)が参考になった。

「正史」の概念と史学・史部の自立をみる南北朝時代から唐にかけては、重大な時期にあたっている。関連する論著をいくつかあげておかなくてはならない。

吉川忠夫の前掲二書、また渡邉の前掲三書のほか、吉川忠夫『劉裕——江南の英雄 宋の武帝』(法蔵館文庫、二〇〇二年〈初刊、一九六六年〉)の平易な叙述を加えれば、この時代を考察する恰好のガイドになる。いずれも専門の立場から、裴松之・范曄・沈約にくわしい。

いっそう個別具体的な学術論文としては、井上進「四部分類の成立」同『書林の眺望——伝統中国の書物世界』（平凡社、二〇〇六年）所収、および佐川英治「嘎仙洞石刻祝文にみる北魏王権の多元性――天子・皇帝・可汗・太平真君の称号をめぐって」同編『多元的中華社会の形成――東アジアの「古代末期」』（臨川書店、二〇二三年）所収を参照した。前者は「史漢」「正史」「史部」概念の成立がわかり、後者は『魏書』とその時代にふれる。

唐代の史書編纂、とりわけ『晋書』の内容と位置づけは、渡邉前掲『「古典中国」における史学と儒教』のほか、礪波護・武田幸男『隋唐帝国と古代朝鮮』世界の歴史 中公文庫、二〇〇八年〈初刊、一九九七年〉に立ち入った論述がある。その『晋書』評価は内藤の『支那史学史』と対比すると、おもしろいかもしれない。

『遼史』から『元史』

総じて、やはり圧倒的に『史記』、あるいは「前四史」が多く、以後は南北朝から唐宋まで、ごくわずかというところである。「前四史」以後は「正史」そのものがおもしろくなく、また難解にもなるためか、各々をとりあげた一般的な著述は無きにひとしい。さすがに『資治通鑑』や欧陽脩らは、日本でもやはり著名なので、上にあげた論著でも、ひととおりの言及はある。しかし近年は、継承する著述に乏しい。

一三世紀以降の時代になると、その傾向はいっそう強まる。また専門の歴史学・東洋史学では、「正史」以外の史料が豊富な時代でもあるため、相対的絶対的に注目も少ない。学術的な関連論著で、とくに言及引用したもののみ紹介する。

古松崇志『ユーラシア東方の多極共存時代——大モンゴル以前』（名古屋大学出版会、二〇二四年）には、『遼史』『金史』『宋史』の「三史」編纂をみなおした論考をふくみ、後続の『元史』については、佐竹靖彦「元史原始序説」『唐宋変革研究通訊』（第一二輯、二〇二一年）がある。いずれも本格的で浩瀚な学術論文なので、小著ではそのさわりのみ祖述した。

その『元史』に関連して、『元朝秘史』を研究した那珂通世の訳注書は、『成吉思汗《チンギス・カン》実録』（大日本図書株式会社、一九〇七年）である。那珂の主著は『支那通史』全三冊（和田清訳、岩波文庫、一九三八、三九、四一年〈初刊、一八八八～九〇年〉）で、日本の東洋史学を草創した名著として名高い。さすがに『成吉思汗実録』は古いので、『元朝秘史』をまず知るには、近刊の白石典之『元朝秘史——チンギス・カンの一級史料』（中公新書、二〇二四年）がよい。

邦訳の世界——膨大な『史記』

「二十四史」には少なからず邦訳もある。さすがに外国の古典・史書であれば、「正史」を読むさい、いきなり原文に嚙みついても、やはり歯が立たない。時代や事柄など畑違いであれば、中国学の専門でもまったく同じなので、訳注書の存在はほんとうに貴重である。

ここでは、著述として公刊があるものは、なるべく網羅的にとりあげたい。そのほか専門の学術論文でも訳業はあるけれども、煩瑣に失するので省略した。遺漏はまぬかれないので、博雅《はくが》の示教をまつものである。

もちろん訳注のたぐいが、「二十四」すべてにそろっているわけではない。分布の傾向は、ここまで述べてきた参考文献とおおむね重なる。つまり『史記』はじめ「前四史」に手厚く、ほかはいわば、まばら、といった感じだ。

まず『史記』。全訳は三つの版元の系列がある。

小竹文夫・小竹武夫『史記』全八巻（ちくま学芸文庫、筑摩書房、一九九五年〈初刊『史記』世界文学大系、筑摩書房、一九六二年〉）
野口定男・近藤光男・頼惟勤・吉田光邦『史記』全三巻（中国古典文学大系、平凡社、一九六八〜一九七一年〈抜粋普及版の「平凡社ライブラリー」として、野口定男『史記列伝』全三巻、二〇一〇〜一一年〉）
吉田賢抗・水澤利忠・寺門日出男・青木五郎『史記』全一五巻（新釈漢文大系、明治書院、一九七三〜二〇一四年〈抜粋版の「新書漢文大系」として、『史記〈本紀〉』二〇〇三年、『史記〈世家〉』全二巻、二〇〇六年、『史記〈列伝〉』全五巻、二〇〇二〜一七年〉）

邦訳は決して少なくないものの、さすがに浩瀚な『史記』であれば、ほかに全訳はない。ほとんど抄訳である。上に注記したとおり、全訳元版にもとづく普及版もそうであり、その場合やはり

「列伝」が多い。読み応えのある「本紀」「世家」をとりあげるものもある。

以下、まとまった主だった書籍を列挙しよう。もちろんごく一部の翻訳を収録する著述なら、ほかにも少なくはあるまい。しかし煩瑣にわたるので、後述にふれるところ以外は、おおむね省略に従う。

田中謙二・一海知義『史記 中国古典選』全三巻（朝日選書、一九九六年〈初刊一九五八、六三、六四年。朝日文庫・全五巻、一九七八年〉）

小川環樹・今鷹真・福島吉彦『史記列伝』全五巻（岩波文庫、一九七五年〈初刊は『史記列伝 司馬遷』世界古典文学全集 筑摩書房、一九六九年〉）

小川環樹・今鷹真・福島吉彦『史記世家』全三巻（岩波文庫、一九八〇、八二、九一年）

貝塚茂樹責任編集『世界の名著11 司馬遷』（中央公論社、一九六八年〈普及版の「中公クラシックス」として、貝塚茂樹・川勝義雄『史記列伝』全二巻、中央公論新社、二〇〇一年〉）

以下は訳書というよりは、入門・解説書というべきだろうか。

一海知義『史記』（平凡社ライブラリー、二〇一〇年〈中国詩文選 筑摩書房、一九七三年の増補再刊〉）

福島正『史記』（ビギナーズ・クラシックス、角川ソフィア文庫、角川学芸出版、二〇一〇年）
大木康『現代語訳　史記』（ちくま新書、二〇一一年）

比較的近年の新刊ながら、それでも今からは十年以上隔たっていて、やはり最近は関心が薄い現れなのであろうか。

『漢書』
それでも『史記』には、分厚い蓄積がある。以後は格段に少ない。漢語では「史漢」「班馬」と並び称せられる『漢書』でさえ、全訳は以下の現代日本語による訳注のみである。

小竹武夫『漢書』改訂版　全八巻（ちくま学芸文庫、一九九七～九八年〈復刊二〇一〇・一六年。初刊、一九七七～七九年〉）

中核部分の紀伝の抜粋抄訳には、三木克己編訳『漢書列伝選』（筑摩書房、一九九二年〈初刊は小川環樹・三木克己編『史記・漢書集』世界文学全集　筑摩書房、一九七〇年で、その抜粋〉）、福島吉彦編『漢書』（中国詩文選　筑摩書房、一九七六年）があって、見るかぎり筑摩書房の孤軍奮闘の感が強い。ほかには、「王莽伝」「朱買臣伝」「古今人表序」をふくむ福島正編『史記・漢書』（鑑賞　中国の古典角川書店、一九八九年）があって、『史記』との並列・対比の発想もみられる。

　本文でも述べたとおり、中国史学の内藤湖南は、『漢書』より『史記』を評価した。中国文学の狩野直喜はその逆で、『漢書』を好んでいる。ところが全般的な日本での読まれ方は、またその逆らしい。『漢書』より『史記』のほうが文学として、はるかに人気がある。その間の事情は、上にみた訳業の情況にも明らかだ。

　かたや日本で知名度の劣る『漢書』は、昨今はむしろ歴史資料としてあつかわれてきたのが特徴だろうか。つまり社会・制度・典礼などを述べる「志」の訳注をことさら揃える方向である。読み物としてはおもしろくないけれども、歴史を考えるさいには必須だといってよい。そして以下に見るとおり、これは『史記』もふくめ「二十四史」すべてに通ずる傾向でもある。まず『漢書』のそれを列挙しよう。

加藤繁訳註『史記平準書・漢書食貨志』（岩波文庫、一九四二年〈再刊一九九六年〉）
橋本敬造・川勝義雄訳「漢書律暦志」『世界の名著　続1　中国の科学』（藪内清責任編集、中央公論社、一九七五年）所収
黒羽英男訳注『漢書食貨志訳注』（明治書院、一九八〇年）
冨谷至・吉川忠夫訳注『漢書五行志』（東洋文庫、平凡社、一九八六年）
狩野直禎・西脇常記訳注『漢書郊祀志』（東洋文庫、平凡社、一九八七年）

永田英正・梅原郁訳注『漢書食貨・地理・溝洫志』（東洋文庫、平凡社、一九八八年）

『三国志』はやはり関心が高いから、全訳も二つ出ている。後者の近業は刊行途中・未完なので、無事完結することを期待したい。

『三国志』『後漢書』

今鷹真・井波律子・小南一郎訳注『正史 三国志』全八巻（ちくま学芸文庫、一九九二〜九三年〈再刊、二〇〇五年〉。初刊は『三国志』全三冊、世界古典文学全集 一九七七、八二、八九年）

渡邉義浩・仙石知子ほか編『全譯三國志』全八冊・別巻の刊行予定（汲古書院、二〇一九年より刊行開始、第一冊「魏書（一）」・第二冊「魏書（二）」・第六冊「蜀書」・第七冊「呉書（一）」が既刊）

「三国志」全般に関する関連書は、周知のとおりマンガも含め、汗牛《かんぎゅう》充棟《じゅうとう》である。けれども「正史」の訳書は、さして多いわけではない。以下、抄訳・編訳版を列挙しておく。三国時代は短いので、前後の時代の「正史」の翻訳を含むこともある。

本田済訳『漢書・後漢書・三国志列伝選』（中国古典文学大系、平凡社、一九六八年〈普及版の

「中国の古典シリーズ」として再刊、一九七三年〉）

松枝茂夫・立間祥介監修『三国志』全五巻・別巻（徳間書店、一九七九、八〇年）

「中国の思想」刊行委員会編訳『正史　三国志英傑伝』全四巻・別巻（徳間書店、一九九四年〈別巻は「中国の思想」刊行委員会編著『三国志全人名事典』であり翻訳ではない〉）

久しく邦訳のなかった『後漢書』は近年、あいついで専門家の手になる重厚な全訳が出た。前者は范曄の紀伝のみの訓読・注釈、後者は『続漢書』志もふくむ訓読・現代語の訳注である。

吉川忠夫訓注『後漢書』全一〇巻・別冊（岩波書店、二〇〇一～〇五、〇七年〈別冊は人名索引・地名索引であり翻訳ではない〉）

渡邉義浩主編、池田雅典・岡本秀夫ほか訳注『全譯後漢書』全一八巻・別冊（汲古書院、二〇〇一～一六年〈別冊は渡邉義浩・稀代麻也子共編『後漢書研究便覧』であり翻訳ではない〉）

後者は最近、表記を常用漢字に改めた現代語訳のみの普及文庫版の刊行がはじまっており、これまた無事完結を期待する。

渡邉義浩訳『後漢書』全一二巻の刊行予定（早稲田文庫、早稲田大学出版部、二〇二一年より刊行

開始、「本紀一」「本紀二」「志一」「志二」「列伝一」「列伝二」が既刊）

『魏書』『晋書』『旧唐書』以後

やはり「前四史」に全訳がそろっているのは、大なり小なり広汎な人気のある証左であろう。以後の「正史」は一転、比すれば寥々《りょうりょう》というほかない。

それでも主として歴史資料の見地から、いくつかの抄訳があって、その分野の研究には恰好の手引きになる。というより、学術研究の関心から、その翻訳・注釈ができた、といったほうが、ありようとしては正しい。

まず特徴のある『魏書』の志では、塚本善隆訳注『魏書釈老志』（東洋文庫、平凡社、一九九〇年）にくわえ、渡辺信一郎『北朝楽制史の研究――『魏書』楽志を中心に』（平成16〜19年度科学研究費補助金基盤研究C研究成果報告書、二〇〇八年）に「楽志」の訳注を収める。また同じ渡辺信一郎には、いっそう精密な『『魏書』食貨志・『隋書』食貨志訳注』（汲古書院、二〇〇八年）もある。

日本の歴史学界はマルクス史観の影響で、長く社会経済史の研究が主流だったので、「正史」の訳業も「食貨志」が一つの中核をなしてきた。その学統は今も絶えず、すでに言及した『史記』『漢書』はじめ、以下のとおり、ほとんどに訳注がある。ないのは遊牧国家出自の『遼史』『金史』『元史』くらいだろうか。歴史資料の見地だから、史料の改竄を辞さなかった欧陽脩の『新唐書』

は、あえて閑却されている。

中嶋敏編、西嶋定生譯註・窪添慶文補註『晉書食貨志譯註』（東洋文庫、二〇〇七年）
渡辺信一郎著『『旧唐書』食貨志訳注』（汲古書院、二〇一八年）
加藤繁訳註『旧唐書食貨志・旧五代史食貨志訳注』（岩波文庫、一九四八年〈再刊、一九九六年〉）
和田清・中嶋敏編『宋史食貨志譯註』全六冊（東洋文庫、一九六〇、九九、二〇〇二、〇四、〇六年〈全体の索引は別冊で、斯波義信編、二〇〇九年〉）
和田清編『明史食貨志訳注』全二冊（東洋文庫、一九五七年）

「食貨志」に関連するところでは、南北物資輸送の動脈をなした大運河を中心に、歴代「正史」の水運記事を一括して、星斌夫《ほしあやお》訳注『大運河発展史』（東洋文庫、平凡社、一九八二年）が現代語訳・解説をつけている。

以後の「正史」のうち『晉書』では、山田慶児・坂出祥伸《さかでよしのぶ》・藪内清訳「晉書天文志」（前掲『世界の名著 続1 中国の科学』所収）があり、『宋史』では、原田種成《はらだたねしげ》訳注『宋史文苑伝 訓点本』（汲古書院、一九八六年）、『明史』では、科挙を中心とする官吏登用について、井上進・酒井恵子訳注『明史選挙志——明代の学校・科挙・任官制度』全二冊（東洋文庫、平凡社、二〇一三、一九年）が、また刑罰・法制について、野口鐵郎《のぐちてつろう》編訳『訳注明史刑法志』（風響社、二〇〇一年）があって、それそれの関心に応えてくれる。

歴代「正史」の通貫

さてその刑罰・法制は史上、財政経済と並ぶ中国政治の根幹だったことから、歴代の「刑法志」の訳注も、上述の「食貨志」以上に整っている。「二十四史」ほぼすべてをカバーするだろうか。

内田智雄編、冨谷至・梅原郁補注『譯注 中國歴代刑法志』全二冊(創文社、二〇〇五年〈初刊、一九六四、七〇年〉)

梅原郁編『訳注 中国近世刑法志』全二冊(創文社、二〇〇二〜〇三年)

食貨志・刑法志のように、歴代の「正史」を通貫させる訳業は、じつに日本もふくむ「夷狄」・辺境の記事にも適用された。中国しか文字をもたなかった古来の東アジアでは、史料は漢籍の独擅《どくせん》場《じょう》である。日本はじめ周辺の歴史を研究するには、どうしても「正史」をみなくてはならない。

とはいえ、日本はじめ周辺の国情は、中国的な正統・断代史の概念とは無縁なので、「正史」一つだけの訳出で事足れりとすませるわけにいかない。以下のような訳注書の出るゆえんである。

内田吟風・田村実造ほか訳注『騎馬民族史1 正史北狄伝』(東洋文庫、平凡社、一九七一年)

佐口透・山田信夫・護雅夫訳注『騎馬民族史2 正史北狄伝』（東洋文庫、平凡社、一九七二年）
羽田明・佐藤長ほか訳注『騎馬民族史3 正史北狄伝』（東洋文庫、平凡社、一九七三年）
井上秀雄ほか訳注『東アジア民族史1 正史東夷伝』（東洋文庫、平凡社、一九七四年）
井上秀雄ほか訳注『東アジア民族史2 正史東夷伝』（東洋文庫、平凡社、一九七六年）

「騎馬民族史」は北方の遊牧民・遊牧国家を対象に、1は『史記』の匈奴列伝からはじまり、新旧唐書の契丹まで、2は隋唐の突厥《とっくつ》・ウイグルなどテュルク系を、3は明代のモンゴルと唐代のチベット（吐蕃《とばん》）をあつかう。「東アジア民族史」は中国東北／朝鮮半島および日本を、1は『隋書』まで、2は南北史と新旧唐書を訳出した。また類書では、未見ながら、おそらく科研費報告書の内田吟風編『中国正史西域伝の譯註』（一九八〇年）もある。

日本関係

日本も関わるので、これだけにはとどまらない。日本関係にしぼった、まとまった著作としては、

石原道博編訳『魏志倭人伝・後漢書倭伝・宋書倭国伝・隋書倭国伝――中国正史日本伝1』（岩波文庫、一九八五年〈初刊、和田清・石原道博編訳、一九五一年〉）
石原道博編訳『旧唐書倭国日本伝・宋史日本伝・元史日本伝――中国正史日本伝2』（岩波文

庫、一九八六年〈初刊、和田清・石原道博編訳、一九五六年〉）
石原道博著『訳註中国正史日本伝』（国書刊行会、一九七五年）
藤堂明保ほか訳注『倭国伝――中国正史に描かれた日本』（講談社学術文庫、二〇一〇年〈初刊、藤堂明保監修『中国の古典17　倭国伝』学習研究社、一九八五年〉）
鳥越憲三郎『倭人・倭国伝全釈――東アジアのなかの古代日本』（角川ソフィア文庫、KADOKAWA、二〇二〇年〈初刊、鳥越憲三郎『中国正史倭人・倭国伝全釈』中央公論新社、二〇〇四年〉）

などがある。

もはやそれぞれに説明は不要だろう。日本のみなので、このように文庫本で普及するものの、これだけですませては、やはり十分ではない。その訳文をほんとうにわかるには、「二十四史」の体系を知ることが前提になる。

＊

最後に附言すべきは、シリーズ物が二つ。

第一は書店でも目立たぬ存在ながら、連綿と刊行の続いてきたハンディな漢文古典シリーズ、明徳出版社の「中国古典新書」である。抜粋して原文・訓読・現代語訳を載せ解説を加える小冊の入門書ながら、上述にない「二十四史」もあるので、必要に応じて参照するとよい。

福島中郎『史記』（一九七二年）、鈴木由次郎『漢書藝文志』（一九六八年）、高木友之助・片山兵衛『漢書列伝』（一九九一年）、宮川尚志《みやかわひさゆき》『三国志』（一九七〇年）、藤田至善『後漢書』（一九七〇年）、古賀登『新唐書』（一九七一年）、竹内照夫『資治通鑑』（一九七一年）、小林高四郎『元史』（一九七二年）、川越泰博『明史』（二〇〇四年）が既刊で、「二十四史」の続刊を期待したい。

第二に、勉誠出版から刊行のはじまった「中国史書入門」。「二十四史」の現代語訳と解説をこころみるシリーズで、近年、希有の企画といってよい。中林史朗《なかばやししろう》・山口謠司《やまぐちようじ》監修／池田雅典ほか訳『中国史書入門　現代語訳　隋書』（二〇一七年）および氣賀澤保規《けがさわやすのり》監修／池田恭哉《いけだゆきや》ほか訳『中国史書入門　現代語訳　北斉書』（二〇二一年）が既刊、はじまったばかりともみえ、やはり刊行の継続を強く望む。

1775	『旧五代史』復刊
1782	「四庫全書」完成。銭大昕『廿二史考異』完成
1784	欽定二十四史刊行
1795	趙翼『廿二史劄記』自序
1851	太平天国挙兵
1853	太平天国、南京を占拠、本拠地「天京」とする
1864	太平天国滅亡
1888	那珂通世『支那通史』刊行開始
1902	梁啓超「新史学」発表
1907	那珂通世『成吉思汗実録』(元朝秘史)刊行
1912	中華民国成立。宣統帝溥儀退位、清朝滅亡
1914	『清史稿』編纂着手
1920	『新元史』完成。『国訳漢文大成』刊行開始
1921	梁啓超「中国歴史研究法」講演
1924	溥儀、紫禁城より追放
1925	孫文死す
1928	国民政府、北伐完了。『清史稿』完成
1931	満洲事変
1933	『明治天皇紀』完成
1936	『二十五史補編』刊行
1937	「百衲本二十四史」刊行完結(1930〜)。日中戦争
1938	『大正天皇実録』完成
1943	武田泰淳『司馬遷』刊行
1949	国民政府、台湾に遷る。中華人民共和国成立
1951	羅爾綱『太平天国史稿』刊行
1961	台北にて『清史』完成。E. H. カー「歴史とは何か」講演
1966	武田泰淳『司馬遷』再刊
1972	「和刻本正史」刊行完結(1970〜)
1977	中華書局版「標点本二十四史」刊行完結(1959/71〜)
1984	台北にて『清史稿校注』刊行
1991	羅爾綱『太平天国史』刊行
2002	国家清史編纂委員会発足
2014	『昭和天皇実録』完成
2018	『清史』初稿完成(現在まで未刊)

二十四史 関係年表

960	宋王朝の成立
974	『旧五代史』完成
1053	『五代史記』完成
1060	『新唐書』完成
1066	『資治通鑑』編纂を命じる
1072	欧陽脩死す
1084	『資治通鑑』完成
1086	『資治通鑑』刊行。司馬光死す
1115	金王朝の成立
1125	契丹滅亡
1127	北宋滅亡、南宋成立
1173	『通鑑紀事本末』完成
1200	朱子死す
1206	チンギス・カン即位、モンゴル帝国の成立
1260	クビライ即位
1267	大都（北京）建設
1276	南宋滅亡
1283	文天祥死す
1286	『資治通鑑』の「胡注」完成
1297	『十八史略』初刊
1313	科挙再開
1340	順帝・脱脱、政権掌握
1344	『遼史』完成
1344	『金史』完成
1345	『宋史』完成
1368	朱元璋即位、明王朝の成立。モンゴル帝国、大都を退去
1370	『元史』完成
1399	靖難の変
1402	永楽帝即位
1532	「監本二十一史」刊行
1644	明朝滅亡。清朝、北京に入る
1661	南明滅亡。鄭成功、台湾占拠
1663	荘廷鑨『明書』事件（文字の獄）
1679	『明史』編纂事業着手
1683	台湾の鄭氏政権降服
1723	『明史稿』完成のうえ上呈
1739	『明史』完成、刊行
1747	殿版二十一史刊行

453	宋の文帝死す
479	宋滅亡、南斉王朝成立
488	『宋書』紀伝、完成
502	南斉滅亡、梁の武帝即位
502以降	『宋書』志、完成
513	沈約死す
537まで	『南斉書』完成
550	北斉王朝成立
554	『魏書』紀伝、完成
554～555	『魏書』志、完成
557	梁滅亡、陳王朝の成立。北周王朝成立
577	北周、北斉を亡ぼす
581	北周滅亡、隋王朝成立
589	隋、陳を亡ぼし南朝を併呑
618	唐王朝成立
626	唐の太宗即位、貞観の治
636	「五代史」（『梁書』『陳書』『北斉書』『周書』『隋書』）完成
641	「五代史志」編纂を命じる。『漢書』の「師古注」完成
646	『晋書』編纂を命じる
648	『晋書』完成
649	唐の太宗死す。高宗即位
656	「五代史志」完成
659	『南史』『北史』完成
675	李賢、皇太子となり、このころ『後漢書』の注釈に着手
683	唐の高宗死す
684	章懐太子李賢死す
710	『史通』完成
720	『日本書紀』完成（六国史）
755	安禄山挙兵（安史の乱）
797	『続日本紀』完成（六国史）
801	『通典』完成
840	『日本後紀』完成（六国史）
869	『続日本後紀』完成（六国史）
879	『日本文徳天皇実録』完成（六国史）
901	『日本三代実録』完成（六国史）
907	唐滅亡
916	契丹国（遼）の成立
945	『旧唐書』完成

二十四史 関係年表

西暦	事項
BC722	『春秋』隠公元年。記述開始
BC481	『春秋』哀公十四年。記述終了
BC479	孔子死す
BC221	秦の統一
BC207	秦滅亡
BC202	漢の高祖、皇帝に即位
BC141	漢の武帝即位
BC126ごろ	公孫弘、郭解を処刑
BC99	李陵、匈奴に降服。司馬遷、宮刑を受ける
BC93	司馬遷死す？
BC90ごろ	『史記』完成
BC87	武帝死す
8	王莽、前漢を滅ぼす
25	後漢の光武帝即位
57	明帝即位
82ごろまで	『漢書』完成
92	班固死す
220	後漢滅亡、魏王朝成立
221	劉備即位し、蜀成立
263	蜀滅亡
265	魏滅亡、司馬炎即位し、西晋成立
280	呉滅亡
297まで	『三国志』完成
297	陳寿死す？
316	西晋滅亡
318	司馬睿即位し、東晋成立
420	東晋滅亡、宋の武帝即位し、南朝はじまる
424	宋の文帝即位。元嘉の治
429	『三国志注』（裴注）完成
439	北魏、中原を統一
445まで	『後漢書』完成
446	范曄死す
450	北魏「国史」事件、崔浩処刑される
451	裴松之死す

【タ行】

事項索引

武帝（南斉）（440-493）　59,70
武帝（西晋）→司馬炎
フレグ（旭烈、旭烈兀、轄魯）（1218-65）　168,169
文宣帝（北斉）（526-559）　62,70
文帝（南朝宋）（407-453）　46,47,58,59,65,70
文帝（隋）（541-604）　76
文天祥（1236-83）　117
房玄齢（579-648）　78,79
墨子（BC468?-BC376?）　24

【マ行】
宮崎市定（1901-95）　21,25,174,180,207
明帝（後漢）（28-75）　32,40
孟嘗君（?-BC279）　28

【ヤ行】
楊維楨（1296-1370）　138
姚察（533-606）　66-68,96
姚思廉（557-637）　68,69,71,96
煬帝（569-618）　76
揚雄（BC53-18）　42
吉川幸次郎（1904-80）　25,217

【ラ行】
羅爾綱（1901-97）　188,189
李延寿（?-?）　11,74,86-88
李賢→章懐太子
李淳風（602-670）　74
李世民（598-649）　67,69,71,72,75-82,84-87,92,96,99,109
李大師（570-628）　86
李徳林（531-591）　66-68
李百薬（565-648）　11,68,69,71
劉淵（?-310）　80
劉昫（888-947）　11,101
劉知幾（661-721）　50,94
劉備（161-223）　41,43,122,123
劉裕（363-422）　64,219
梁啓超（1873-1929）　i,177,178
李陵（?-BC74）　25,30
令狐徳棻（583-666）　68,69,71,74

司馬貞(679-732)　93
司馬彪(?-306)　49
朱元璋(1328-98)　136,139-146,154,186
朱子(1130-1200)　115,116,122-124,129,149
順帝／トゴン・テムル(1320-70)　126,132,133,140,144
蕭衍(464-549)　59,64,65
蔣介石(1887-1975)　182
章懐太子 李賢(655-684)　93
蕭子顕(487-537)　11
蕭道成→高帝(南斉)
諸葛亮(181-234)　12,41-44
徐世昌(1855-1939)　179
神宗(北宋)(1048-85)　108
仁宗(北宋)(1010-63)　101,102,111
沈約(441-513)　11,59,60,70,72,73,82,219
信陵君(?-BC243)　28
薛居正(912-981)　11,109,165
銭大昕(1728-1804)　172
宣統帝→溥儀
宋祁(998-1061)　11,101,102,104
荘廷鑨(1585-1655)　167
宋濂(1310-81)　11,138
孫権(182-252)　43
孫文(1866-1925)　183,185,186

【タ行】
太祖(北宋)(927-976)　108,109
太祖(明)→朱元璋
太宗(唐)→李世民
太武帝(北魏)(408-452)　61
武田泰淳(1912-76)　22
趙匡胤→太祖(北宋)
趙爾巽(1844-1927)　11,182
張守節(?-?)　93
張昭遠(?-?)　101
趙翼(1727-1814)　172
チンギス・カン(成吉思汗)(1162-1227)　124,221
陳寿(233?-297?)　11,41-47,52,58,122,132,151,219
鄭成功(1624-62)　186
脱脱(トクト)(1314-56)　11,133
杜佑(735-812)　94

【ナ行】
内藤湖南(1866-1934)　18,20,21,50,73,74,81,97,112,126,133,135,139,146,147,151,155,215,225
長澤規矩也(1902-80)　205
那珂通世(1851-1908)　146,221

【ハ行】
裴駰(?-?)　53,92,93
裴松之(372-451)　46-48,52,53,70,92,219
班固(32-92)　11,32,34-38,40,42,45,51,56,73,83,173,193,194
万斯同(1638-1702)　11
班彪(3-54)　32,35,37,193
范曄(398-446)　11,48-52,58-60,83,93,110,219,227
范蠡(BC536-BC448)　26
溥儀(1906-67)　181,183,186
武帝(漢)(BC156-BC87)　9,10,18,25,29,31,33
武帝(南朝宋)→劉裕
武帝(梁)→蕭衍

人名索引

【ア行】
アリクブケ／阿里不哥、阿里克布克(1219-66)　169
安禄山(705-757)　125
石川淳(1899-1987)　ii, iii
尹洙(1002-47)　105
永楽帝(1360-1424)　152
王先謙(1842-1917)　173
王鳴盛(1722-97)　50
王莽(BC45-23)　34,83
欧陽脩(1007-72)　11,101-108,110-113,121,162,164,165,220,228
王陽明(1472-1529)　148
荻生徂徠(1666-1728)　205

【カ行】
カー, E.H.(1892-1982)　4
郭解(?-?)　28,29
柯劭忞(1850-1933)　146,179
狩野直喜(1868-1947)　39,173,218,225
顔師古(581-645)　75,92,173
韓愈(768-824)　95
魏収(506-572)　11,63,66,70,88
魏徴(580-643)　11,75,76,78,80
許敬宗(592-672)　75
クビライ／忽必烈、呼必賚(1215-94)　124-127,131-134,144,168,169
孔穎達(574-648)　75
恵帝(西晋)(259-307)　80
厳君平(?-?)　42
玄宗(685-762)　72
元帝(東晋)→司馬睿
建文帝(1383-1402)　152,156
乾隆帝(1711-99)　165,171,179
洪飴孫(1773-1816)　174
項羽(BC232-BC202)　34
康熙帝(1654-1722)　164
孔子(BC552-BC479)　8-10,23,31,106
洪秀全(1814-64)　186
高宗(唐)(628-683)　87,92,93
公孫弘(BC200-BC121)　29
公孫述(?-36)　83
高帝(南斉)(427-482)　64
光武帝(BC5-57)　40
高洋→文宣帝(北斉)
顧炎武(1613-82)　163
呉三桂(1612-78)　155
胡三省(1230-1302)　173
呉廷燮(1865-1947)　174,175

【サ行】
崔浩(381?-450)　61,62
始皇帝(BC259-BC210)　29,34
司馬懿(179-251)　79,81
司馬睿(276-323)　64
司馬炎(236-290)　79,80,81,83
司馬光(1019-86)　111-114,123,164,198
司馬相如(BC179-BC118)　42
司馬遷(BC145/135-?)　iii,8-10,19-33,36-38,42,50,51,56,72,81,86,95,106,193

岡本隆司（おかもと・たかし）

1965（昭和40）年京都市生まれ．京都大学大学院文学研究科東洋史学博士後期課程満期退学．博士（文学）．宮崎大学助教授，京都府立大学教授を経て，2024年より早稲田大学教授．専攻は東洋史・近代アジア史．

著書『近代中国と海関』（名古屋大学出版会，1999年．大平正芳記念賞受賞）
『属国と自主のあいだ』（名古屋大学出版会，2004年．サントリー学芸賞受賞）
『李鴻章』（岩波新書，2011年）
『袁世凱』（岩波新書，2015年）
『中国の論理』（中公新書，2016年）
『中国の誕生』（名古屋大学出版会，2017年．樫山純三賞，アジア太平洋賞特別賞受賞）
『「中国」の形成』（岩波新書，2020年）
『明代とは何か』（名古屋大学出版会，2022年）
『曾国藩』（岩波新書，2022年）
『悪党たちの中華帝国』（新潮選書，2022年）
『物語 江南の歴史』（中公新書，2023年）
『倭寇とは何か』（新潮選書，2025年）ほか多数

二十四史《にじゅうしし》
——『史記《しき》』に始《はじ》まる中国《ちゅうごく》の正史《せいし》
中公新書 *2852*

2025年 4 月25日発行

著　者　岡本隆司
発行者　安部順一

本文印刷　三晃印刷
カバー印刷　大熊整美堂
製　　本　フォーネット社

発行所　中央公論新社
〒100-8152
東京都千代田区大手町 1-7-1
電話　販売 03-5299-1730
　　　編集 03-5299-1830
URL https://www.chuko.co.jp/

Published by CHUOKORON-SHINSHA, INC.
Printed in Japan　ISBN978-4-12-102852-5 C1222

中公新書刊行のことば

一九六二年一一月

いまからちょうど五世紀まえ、グーテンベルクが近代印刷術を発明したとき、書物の大量生産は潜在的可能性を獲得し、いまからちょうど一世紀まえ、世界のおもな文明国で義務教育制度が採用されたとき、書物の大量需要の潜在性が形成された。この二つの潜在性がはげしく現実化したのが現代である。

いまや、書物によって視野を拡大し、変りゆく世界に豊かに対応しようとする強い要求を私たちは抑えることができない。この要求にこたえる義務を、今日の書物は背負っている。だが、その義務は、たんに専門的知識の通俗化をはかることによって果たされるものでもなく、通俗的好奇心にうったえて、いたずらに発行部数の巨大さを誇ることによって果たされるものでもない。現代を真摯に生きようとする読者に、真に知るに価いする知識だけを選びだして提供すること、これが中公新書の最大の目標である。

私たちは、知識として錯覚しているものによってしばしば動かされ、裏切られる。私たちは、作為によってあたえられた知識のうえに生きることがあまりに多く、ゆるぎない事実を通して思索することがあまりにすくない。中公新書が、その一貫した特色として自らに課すものは、この事実のみの持つ無条件の説得力を発揮させることである。現代にあらたな意味を投げかけるべく待機している過去の歴史的事実もまた、中公新書によって数多く発掘されるであろう。

中公新書は、現代を自らの眼で見つめようとする、逞しい知的な読者の活力となることを欲している。

中公新書

哲学・思想